„Unsere Anlage ist eine zur Anarchie neigende"

Thomas Bernhards Poetik der Selbstauslöschung

von

Peter Schallmayer

Tectum Verlag
Marburg 2005

Schallmayer, Peter:
„Unsere Anlage ist eine zur Anarchie neigende."
Thomas Bernhards Poetik der Selbstauslöschung.
/ von Peter Schallmayer
- Marburg : Tectum Verlag, 2005
ISBN 3-8288-8931-X

Tectum Verlag
Marburg 2005

Das vorliegende Buch ist die leicht überarbeitete und ergänzte Fassung der Magisterarbeit „*auto-exaleipsis*. Thomas Bernhards Poetik der Selbstauslöschung", die am 10. November 2004 am Institut für Literaturwissenschaft der Universität Karlsruhe (TH) angenommen wurde. Gutachter: Prof. Dr. Uwe Japp, Prof. Dr. Andreas Böhn.

Niemals wäre diese Arbeit zustande gekommen ohne die Begegnung mit Giorgio Palma, der mich erst in die Welt Bernhards einführte. „Ich habe durch meinen Onkel Georg keine toten Schriftsteller und Dichter gelesen, sondern lebendige." Dafür danke ich ihm von Herzen.

Inhaltsverzeichnis

Plötzlich erscheint, durch diese Sätze, alles irrtümlich,
die Irrtümer selbst erscheinen irrtümlich.

Thomas Bernhard, *Ungenach*

I.1
Einleitung: die Vorgabe der Methode durch das Werk

Für den jungen Mann ist es ein wissenschaftliches Experiment, als er „versucht, einem alten Mann zu beweisen, daß er, *der junge Mann*, allein ist"[1]: Zunächst formuliert er die These des Alleinseins; anschließend trachtet er diese zu beweisen. Hierzu greift der junge Mann auf ein anderes, zuvor erfolgtes Experiment zurück bzw. auf seine früheren Versuche, Kontakt herzustellen zu seinen Mitmenschen. „Er habe verschiedene Mittel angewendet, um das Vertrauen der Menschen zu gewinnen. Aber er habe sie abgestoßen"[2], erklärt er dem altem Mann. Anschließend erläutert er detaillierter, welche Parameter er damals jeweils neu justiert habe: „Er habe ihnen Geschenke mitgebracht; denn mit Geschenken könne man Menschen zur Freundschaft und zur Anhänglichkeit verführen. Aber sie nähmen die Geschenke nicht an und setzten ihn vor die Tür"[3], und er sagt: „Er habe sich sogar *verwandelt*, um Menschen zu gewinnen; er sei bald der und bald jener gewesen, und es sei ihm gelungen, sich zu verstellen, aber auch auf diese Weise habe er nicht einen Menschen gewonnen"[4]. Er kommt zu dem Schluss: „[S]ie wollten ihn nicht *verstehen*"[5], wie er selbst Schwierigkeiten hat, dem Verhalten der Menschen auf den Grund zu kommen: „Er habe tagelang darüber nachgedacht, warum sie ihn nicht haben wollten. Aber er sei nicht darauf gekommen"[6]; auf seine Frage nach dem Warum findet er keine eindeutige Antwort. Das erste Experiment ist somit gescheitert; der junge Mann ist, indem er sein Ansprechen mit dem Nachdenken vertauscht, wieder auf sich selbst zurück- und somit in sein Alleinsein hineingeworfen. Um diesem Kreislauf doch noch zu entkommen, versucht er sich an einem zweiten Experiment. Er schildert nun, wie gesagt, und auch aus Gründen der Objektivität – sie ergibt sich schließlich „only when a subject, S1, stipulates the existence of another subject, not unlike himself, who, in turn, stipulates the existence of still another subject, not unlike himself, who may well be S1"[7] – dem alten Mann sein Scheitern.

---

[1] Thomas Bernhard: Ereignisse. In: Ders.: Werke, Bd. 14: Erzählungen. Kurzprosa. Hrsg. v. Hans Höller, Martin Huber und Manfred Mittermayer. Frankfurt a. M. 2003, S. 212.
[2] Ebd.
[3] Ebd.
[4] Ebd.
[5] Ebd.
[6] Ebd.
[7] Heinz von Foerster: Understanding understanding. Essays on Cybernetics and Cognition. With 122 Illustrations. New York, Berlin, Heidelberg, Hong Kong, London, Milan, Paris und Tokyo 2003, S. 267.

8

Damit greift er auf eine gängige Methode der (Natur-) Wissenschaften zurück:
jene der Formalisierung oder Kalkülisierung, der Etablierung einer Meta-
Ebene[8], um nun darüber ein eindeutiges Ergebnis zu erzielen. Insgesamt lässt
sich das in einem einfachen Schaubild darstellen:

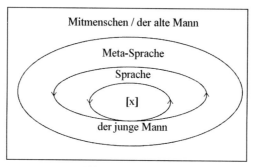

Abb. 1: Formalisierung

Zu sehen ist darin, dass der Weg der Sprache, ursprünglich in Richtung seiner
Mitmenschen verlaufend, den jungen Mann wieder zu sich selbst zurückführt;
und auch um den Weg der Meta-Sprache ist es nicht anders bestellt: „Er redet
auf den alten Mann mit einer solchen Gewalttätigkeit ein, daß er sich plötzlich
schämt. Er tritt einen Schritt zurück und stellt fest, daß in dem alten Mann nichts
vorgeht. In dem alten Mann ist nichts, das er wahrnehmen könnte"[9]. Somit ist
auch sein zweites Experiment gescheitert. Er hat nicht zu entscheiden, dem alten
Mann also nicht zu beweisen vermocht, ist er allein oder ist er es nicht. Natürlich ist dem Leser des Kurztextes schon von Beginn an klar, dass es hier in einem Fall keine Lösung geben kann und so ein Paradox vorliegt: Ist der junge
Mann nämlich wirklich allein, kann es ihm niemand bestätigen, *eben weil er alleine ist*: „[W]enn er [der Einsame] im Vertrauen auf die Sprache die Worte zur
Mitteilung benützen will, so kann er nichts beweisen, nicht einmal überzeu-
gen"[10]. Kurioserweise ist es nun aber gerade sein Scheitern, das Scheitern seines
Beweises und zugleich das Versagen der Sprache als Verständigungsmittel, die

[8] Dieser Vorgang wird in der Erzählung *Ungenach* explizit thematisiert, heißt es doch: „Wenn
es möglich wäre, einmal alles [...] mir einmal in einem einzigen Gedanken klar zu machen,
dann bedeutete das naturgemäß ein Verständnis. Dazu wäre aber eine dritte Person notwendig" (Thomas Bernhard: Ungenach. Erzählung. Frankfurt a. M. 1998, S. 48f.), und kurz darauf: „Wie wir aber sofort erklärungsunfähig sind [...] weil, wo wir hinschauen, das neutrale
Gehirn fehlt" (Ebd., S. 50).
[9] Thomas Bernhard: Ereignisse, a.a.O., S. 212.
[10] Fritz Mauthner: Das philosophische Werk. Band II,3. Beiträge zu einer Kritik der Sprache,
Bd. 3: Zur Grammatik und Logik. Nach den Ausgaben letzter Hand hrsg. v. Ludger Lütkehaus. Wien, Köln und Weimar 1999, S. 635.

9

nur ihm, also subjektiv, seine These bestätigen. Zudem gewinnt der junge Mann während seines Experimentierens, trotz aller Rekursivität und wie beiläufig, Aufschlüsse über seine Methode (das Wie), die dem Inhalt (dem Was) offensichtlich übergeordnet wird: Er registriert die (unästhetische) „Gewalttätigkeit", die Form seiner Worte und empfindet Scham dafür, womit eine ästhetische Komponente plötzlich erkenntnisfördernd wirkt;[11] er übersieht jedoch inhaltlich die Nichtbeweisbarkeit seiner (durchaus philosophischen, da den Solipsismus betreffenden) Ausgangsthese: „Die meisten Sätze und Fragen, welche über philosophische Dinge geschrieben worden sind, sind nicht falsch, sondern unsinnig. Wir können daher Fragen dieser Art überhaupt nicht beantworten, sondern nur ihre Unsinnigkeit feststellen"[12]. Auch wenn der junge Mann sich den Menschen nicht verständlich machen, dem alten Mann nicht erklären hat können – die Unsinnigkeit seines Vorhabens *fühlt* er plötzlich. Da stürzt er davon und begibt sich zu Bett, ganz gemäß der Maxime: „Wovon man nicht sprechen kann, darüber muß man schweigen"[13].

Damit ist der Kurztext letztlich Ausdruck einer generellen Sprachkrise, der Krise eines Sprechens, das sich als ungeeignet herausstellt, die Isolation des Sprechers zu durchbrechen und Kontakt – eine wie auch immer geartete Erwiderung als Zeichen des Verständnisses – herzustellen. So knüpft Bernhard an einen Gedanken an, wie er etwa im Fin de siècle verbreitet war und insbesondere in Hugo von Hofmannsthals *Ein Brief* zum Ausdruck kommt, wohl *dem* Dokument einer Sprachkrise (und deswegen hier hinzuzuziehen). Denn als sich Philipp Lord Chandos aus der Leere, die ihm die Worte sind, in die Welt der Ahnen zu flüchten sucht, überkommt auch ihn die Einsamkeit. Weit über Worte hinaus *empfinden* der junge Mann wie Chandos: Scham einerseits, andererseits „ein ungeheures Anteilnehmen, ein Hinüberfließen in jene Geschöpfe"[14], wie ja auch

---

[11] Vielleicht ist es tatsächlich so, dass nach dem Versagen der Wissenschaft die Ästhetik als „höheres" Erkenntniswerkzeug zum Zuge kommt; „[d]ie Theorien werden zwar immer abstrakter, aber diese Abstraktheit erweist sich für den, der sie versteht, als eine höhere Einfachheit. Die Theorien werden im Prinzip immer einfacher. Gerade das sehr einfache ist eben in den Formen konkreter Einzelheiten, konkreter Bilder nicht mehr zu sagen, denn das Konkrete ist immer komplizierter. Die Einfachheit unserer modernen Theorien und ihre Abstraktheit sind zwei verschiedene Aspekte genau desselben Wesenszugs. Wenn man aber Heisenberg noch weiter preßt und fragt: ‚Was heißt denn mathematisch einfach?', dann kann man ihn auch dazu bringen, zu sagen: ‚Das ist eben schön'" ([Carl Friedrich von Weizsäcker:] Die Einheit der Natur. Studien von Carl Friedrich von Weizsäcker. München 1972, S. 126f.). Kann es eine größere Rechtfertigung geben, sich mit Ästhetik oder allgemeiner: mit der Kunst zu beschäftigen?
[12] Wittgenstein, Ludwig: Tractatus logico-philosophicus. Logisch-philosophische Abhandlung. In: Ders.: Werkausgabe, Bd. 1: Tractatus logico-philosophicus. Tagebücher 1914-1916. Philosophische Untersuchungen. Durchgesehen v. Joachim Schulte. Frankfurt a. M. 1984, S. 26.
[13] Ebd., S. 48.
[14] Hugo von Hofmannsthal: Ein Brief. In: Ders.: Gesammelte Werke in Einzelausgaben, Bd. 4: Prosa II. Hrsg. v. Herbert Steiner. Frankfurt a. M. 1976, S. 15.

10

der junge Mann *im* alten ist: „In [!] dem alten Mann ist nichts, das er wahrneh-
men könnte"[15]. Trotz der fundamentalen Differenz, die zwischen *Der junge
Mann* und *Ein Brief* besteht – Chandos fühlt sich manchmal in Harmonie mit der
Welt, der junge Mann hingegen niemals – , unternehmen beide Texte doch den
Versuch, „anzutippen an Gegenstände, die sich auflösen in dem Moment, wo
man glaubt, man hätte sie berührt"[16], behandeln also beide die Schwierigkeit der
Reduktion von Mehrdeutigkeit auf Eindeutigkeit, die eben wie die berühmten
modrigen Pilze zergeht:

> Da nichts auf einmal vorgestellt werden kann, weil es sich aus soundso viel ein-
> zelnen Elementen zusammensetzt, gibt es auch keine Bezeichnungsmöglichkei-
> ten. Die Dinge können nicht mehr benannt werden, weil sie sich [in ihrem Zer-
> fall] nur vielfältig und unzusammenfaßbar darstellen[17].

Diese Eindeutigkeit ist allerdings das prinzipielle Dilemma der natürlichen oder
Umgangssprache, die der junge Mann als Instrument seines ersten Experiments
einsetzt: Ist die natürliche Sprache immer mehrdeutig, wie ihm sein erstmaliges
Scheitern, das unbeantwortete Warum, zeigt, so ist sein Versuch, einen Teil der
Sprache über die Formalisierung (als Sprechen über sein Scheitern) eindeutig zu
machen, vergebens, da er die natürliche Sprache voraussetzt. Sie gerät somit zur
„Voraussetzung der weiteren Erkenntnis und damit auch der weiteren Verschärfung der Begriffe. Verschärfung der Begriffe heißt aber: Korrektur der Umgangssprache"[18], also Rekursivität und Erkenntnis in erster Linie über das Instrument selbst, nicht über den Gegenstand, auf den es ursprünglich angesetzt
wurde. So bleibt allein die „kritische Aufmerksamkeit auf die Sprache"[19].

Bernhards Kurztext *Der junge Mann* ist also auch eine Kritik der wissenschaftlichen Methode selbst. Der Gegenstand eines Experimentes bleibt im
Dunkeln, wohingegen die Methode, und mit ihr der Experimentator oder Beobachter, umso mehr ins Licht der Erkenntnis rückt: Die Versuche des jungen
Mannes erfolgen ja aus *seiner* Perspektive, ohne die seine Isolation nicht bestünde; die Isolation scheint gar, ganz nach Hofmannsthal, in den alten Mann
hinüberzufließen, dessen Leere die des jungen Mannes zu sein. Verallgemeinert
ergibt das: „(i) Observations are not absolute but relative to an observer's point
of view (i.e., his coordinate system: Einstein); (ii) Observations affect the
observed so as to obliterate the observer's hope for prediction (i.e., his

---

[15] Thomas Bernhard: Ereignisse, a.a.O., S. 212.
[16] Thomas Bernhard: Drei Tage. In: Ders.: Der Italiener. Frankfurt a. M. 1989, S. 89.
[17] Gotthart Wunberg: Der frühe Hofmannsthal. Stuttgart 1965, S. 36.
[18] Ebd., S. 82.
[19] Fritz Mauthner: Das philosophische Werk. Band II,1. Beiträge zu einer Kritik der Sprache,
Bd. 1: Zur Sprache und zur Psychologie. Nach den Ausgaben letzter Hand hrsg. v. Ludger
Lütkehaus. Wien, Köln und Weimar 1999, S. 705.

uncertainty is absolute: Heisenberg)"[20]. Wichtiger als die Beobachtung wird damit der Beobachter selbst, der – so auch Bernhard – immer mitbedacht werden muss: „Wenn wir hemmungslos aus uns herausheulen und sehen uns nicht dabei und durchdenken uns bei dieser Gelegenheit nicht, sind wir noch viel lächerlicher, als wir uns schon gemacht haben"[21], und dessen Vorgehen sich beschreiben lässt als eine Art Verhaltens-Programm, das sich über seine Form einer Feedback-Schleife gut in Bernhards Kurztext einfügt. Ausgangspunkt dieses Programms bildet die Umwelt, die „wahrgenommen" wird als Ort der bewegten oder unbewegten Objekte (im Gegensatz zur Welt des eigenen Subjekt-Seins) und lediglich auf eines hinausläuft: „The environment contains no information; the environment is as it is"[22] – nämlich bloßes Konstrukt eines Bewusstseins.

In dieser Form eines geschlossenen Kreises manifestiert sich also – bei gleichzeitig sich vollziehenden Zerfallsprozessen im Innern – das Undurchschaubare einer Welt, deren „Information" nur auf die Vorstellung eines Subjekts zurückgeht; dieses Subjekt ist also der „Träger der Welt, die durchgängige, stets vorausgesetzte Bedingung alles Erscheinenden, alles Objekts"[23], das von diesem Subjekt aus Zeit, Raum und Kausalität zusammengesetzt wird. *Illusion* ist die Welt mit ihren Objekten, da insbesondere das Prinzip von Ursache und Wirkung „erfunden" ist: „Der Glaube an den Kausalnexus ist der *Aberglaube*"[24]. Der Beobachter wird vom Beobachtungsgegenstand an sich zurück verwiesen, doch verstrickt er sich damit wie der junge Mann in ein unentscheidbares Para-

---

[20] Heinz von Foerster: Understanding understanding, a.a.O., S. 247.
[21] Thomas Bernhard: Montaigne. Eine Erzählung. In: Ders.: Werke, Bd. 14, a.a.O., S. 423.
[22] Heinz von Foerster: Understanding understanding, a.a.O., S. 250. Dort finden sich auch die Zwischenschritte des Programms.
[23] Schopenhauer, Arthur: Die Welt als Wille und Vorstellung. Erster Band. Vier Bücher nebst einem Anhang, der die Kritik der Kantischen Philosophie enthält. In: Ders.: Werke in fünf Bänden, Bd. 1. Nach den Ausgaben letzter Hand hrsg. v. Ludger Lütkehaus. Zürich 1991. S. 33.
[24] Ludwig Wittgenstein: Tractatus logico-philosophicus, a.a.O., S. 57. Das Verwerfen der Kausalität und ihres polaren Paares von Ursache und Wirkung ist es gerade, was auch Bernhard zelebriert: „Polare Paare, mit deren Hilfe sich am Werk Bernhards Kategorisierungen vornehmen ließen, kreist der Autor mit seiner Sprache so ein, daß die darin enthaltene Möglichkeit des Gegensatzes aufgehoben wird: ‚Ist es eine Komödie? Ist es eine Tragödie?' bleibt als Frage unbeantwortet. Dieses Verfahren fördert die Unsicherheit des Lesers: In jedem Satz wird der vorangegangene aufgehoben, um wiederum im nächsten seinen Widerruf zu erfahren" (Wendelin Schmidt-Dengler: Elf Thesen zum Werk Thomas Bernhards. In: Studien zur Literatur des 19. und 20. Jahrhunderts. Festschrift für Alfred Doppler zum 60. Geburtstag. Hrsg. v. Johann Holzner, Michael Klein und Wolfgang Wiesmüller. Innsbruck 1981, S. 232), wobei es nie zu einem letzten Widerruf käme, der Gültigkeit beanspruchte. Die *Paradoxie* gerät damit zu einem wesentlichen Merkmal Bernhardschen Schreibens, und erscheint dort als Radikalisierung der allgemeinen Ansicht, „that the language of literature is dangerous to the scientific endeavour, inevitably ‚contaminating' it with the illogical and the uncanny" (Shlomith Rimmon-Kenan: Narrative Fiction. Contemporary Poetics. 2nd edition. London und New York 2002, S. 138).

dox – und so erklärt sich wiederum, warum „alle Wissenschaft im eigentlichen Sinne, worunter ich die systematische Erkenntniß am Leitfaden des Satzes vom Grunde verstehe, nie ein letztes Ziel erreichen, noch eine völlig genügende Erklärung geben kann"[25] und warum die Welt dem Beobachter so letztlich ein Rätsel bleiben muss.

Dieser Gedanke lässt sich endlich auf die Kunst selbst übertragen, als ein Ausdruck derselben der Kurztext *Der junge Mann* ja gelten kann: „Daß Kunstwerke etwas sagen und mit dem gleichen Atemzug etwas verbergen, nennt den Rätselcharakter unterm Aspekt der Sprache"[26]. Auch der Kunst wohnt die Kreisstruktur inne, sie „führt heraus und doch nicht heraus, die Welt, die sie reflektiert, bleibt, was sie ist [„the environment is as it is"], weil sie von der Kunst bloß reflektiert wird"[27]. Das wirkt sich auf den Betrachter eines Kunstwerks aus: Seine rekursiven Anläufe, ein *volles* Verständnis zu erzwingen (gerade etwa auch, um eine literaturwissenschaftliche Methode zu nennen, durch die Nutzung des hermeneutischen Zirkels, der dem Verständnis des ganzen Werkes jenes seiner Teile voraussetzt und so logisch unkontrollierbar wird), müssen scheitern, denn „[j]edes Kunstwerk ist ein Vexierbild, nur derart, daß es beim Vexieren bleibt, bei der prästabilierten Niederlage ihres Betrachters"[28].

Sprachkrise oder „Sprachskeptizismus"[29], Wissenschaftskritik und Rätselcharakter der Kunst sind also (bislang) die wesentlichen Zutaten im Kurztext *Der junge Mann*; es sind aber auch Aspekte, die im *gesamten* Werk Bernhards immer wieder auftauchen. Doch nimmt man diese Trias ernst, die ein Verstehenkönnen, ein Ergründenkönnen der Wahrheit offenbar ad absurdum führt, da Wahrheit schon nicht einmal auszudrücken ist, bliebe eigentlich nichts mehr zu sagen. Bernhard selbst beschäftigt das Problem permanent; in einem Interview aus dem Jahr 1986 sagt er: „Man kann nie zu Papier bringen, was man sich denkt oder vorgestellt hat. Das geht zum größten Teil mit der Übertragung aufs Papier verloren. Was man liefert, ist nur ein schwacher, lächerlicher Abklatsch dessen, was man sich vorgestellt hat"[30]. Auch seine Preisreden enthalten derartige Reflexionen: „Was wir veröffentlichen, ist nicht identisch mit dem, was ist"[31]. In größerem Umfang allerdings werden derlei Gedanken in seiner Autobiographie explizit, etwa in *Die Kälte*:

[25] Arthur Schopenhauer: Die Welt als Wille und Vorstellung, a.a.O., S. 62.
[26] Adorno, Theodor W.: Ästhetische Theorie. In: Ders.: Gesammelte Schriften, Bd. 7. Hrsg. v. Gretel Adorno und Rolf Tiedemann. Frankfurt a. M. 1984, S. 182.
[27] Ebd., S. 521.
[28] Ebd., S. 184.
[29] Franz Eyckeler: Reflexionspoesie. Sprachskepsis, Rhetorik und Poetik in der Prosa Thomas Bernhards. Berlin 1995, S. 188.
[30] Asta Scheib: Von einer Katastrophe in die andere. 1986. In: Dreissinger, Sepp (Hg.): Von einer Katastrophe in die andere. 13 Gespräche mit Thomas Bernhard. Weitra 1992, S. 152.
[31] Thomas Bernhard: Nie und mit nichts fertig werden. In: Deutsche Akademie für Sprache und Dichtung. Jahrbuch 1970, S. 84.

Die Sprache ist unbrauchbar, wenn es darum geht, die Wahrheit zu sagen, Mitteilung zu machen, sie läßt dem Schreibenden nur die Annäherung an den Gegenstand, die Sprache gibt nur ein gefälschtes Authentisches wieder, das erschreckend Verzerrte, sosehr sich der Schreibende auch bemüht, die Wörter drücken alles zu Boden und verrücken alles und machen die totale Wahrheit auf dem Papier zur Lüge[32].

In den Romanen und Erzählungen schließlich treten weitere Komponenten zum Lügencharakter der Sprache hinzu: „Die Wörter ruinieren, was man denkt, das Papier macht lächerlich, was man denkt, und während man aber noch froh ist, etwas Ruiniertes und etwas Lächerliches auf das Papier bringen zu können, verliert das Gedächtnis auch noch dieses Ruinierte und Lächerliche"[33]. Auch erweist sich die Sprache nicht nur auf dem Papier als lächerlich verfälschter Gedanke; sie wirkt sogar zurück auf das Denken, das sie einmal war: „Die Sprache belaste das festzuhaltende Denken in unglücklichster Weise und reduziere es in jedem Falle auf einen fortwährenden Schwächezustand des Geistes, mit welchem sich der Denkende aber abzufinden habe"[34], wie eine Figur[35] Bernhards das sprachkritische Bild abrundet.

Solcherlei Äußerungen beschränken sich aber nicht nur darauf, im Werk eben als inhaltliches Element oder Motiv aufzuscheinen; vielmehr wirken diese Äußerungen auf den Umgang mit Bernhards Werk selbst und tragen dabei in hohem Maße zur Verunsicherung bei. So konstatiert die Forschung nicht zufällig die „Untauglichkeit der literaturwissenschaftlichen Kategorien"[36] und stellt sich die Frage, „[w]elche Möglichkeiten in der Wissenschaft vorrätig sind, um diesem Werk überhaupt gerecht zu werden"[37], das vor allem für Irritation – durch Selbstreflexion seiner (Un-)Interpretierbarkeit – sorgt, die bezweifeln lasse, „ob von einer Deutbarkeit der Texte überhaupt gesprochen werden kann. Kann man die Wege begehen, auf welche uns die Irritation führt?"[38] Man kann, das zeigt schon *Der junge Mann*: Mag das „Was ist das?" auch (zunächst) Rätsel bleiben, so lässt sich die Wissenschaft doch einsetzen „zur Gestaltwahrnehmung, zum Aufspüren von besonders einfachen und eben in ihrer Einfachheit verborgenen Gestalten"[39]; so lassen sich Aussagen über die Form („Wie ist das?") machen. Denn auch „Kunstwerke, die des Scheins von Sinnhaftigkeit

[32] Thomas Bernhard: Die Kälte. Eine Isolation. München 2001, S. 89.
[33] Thomas Bernhard: Das Kalkwerk. Roman. Frankfurt a. M. 1973, S. 115.
[34] Thomas Bernhard: Die Billigesser. Frankfurt a. M. 1988, S. 133.
[35] Diese Genette entnommene Bezeichnung soll im Folgenden beibehalten werden, zeichnet sie sich doch durch größere Neutralität aus als der Begriff des „Protagonisten".
[36] Wendelin Schmidt-Dengler: Elf Thesen zum Werk Thomas Bernhards, a.a.O., S. 231.
[37] Wedelin Schmidt-Dengler: Absolute Hilflosigkeit (des Denkens). Zur Typologie der wissenschaftlichen Auseinandersetzung mit Thomas Bernhard. In: Thomas Bernhard Jahrbuch 1 (2002), S. 10.
[38] Wendelin Schmidt-Dengler: Elf Thesen zum Werk Thomas Bernhards, a.a.O., S. 233.
[39] Ebd.

sich entäußern, verlieren dadurch nicht ihr Sprachähnliches"[40], und Sprache lässt bzw. ihre Elemente lassen sich zumindest formal beschreiben. Bernhard selbst wird nicht müde, der Form den Vorzug vor dem Inhalt zu geben, sagt er doch einmal deutlich: „Wichtiger ist, wie man schreibt, nicht was"[41]. Und in einer Metapher formuliert er sein vorwiegendes Interesse daran, wie Dinge geschehen, nicht aber, welche geschehen (weil er sie angeblich nicht *versteht*): Er gehe „auch in die Kirche, um zu schauen, was in der Kirche passiert, und *wie* der Pfarrer predigt, *was* er sagt. *Hier* ist es natürlich nur das, *wie* er's sagt, weil das, was er sagt, versteh' ich nicht"[42]. Innere Abläufe und Vorgänge sind es auch, denen er sein Schreiben widmet; „[e]ine oberflächliche Geschichte oder Beschreibung interessiert mich auch gar nicht"[43]. Am deutlichsten hat Bernhard das wohl in *Drei Tage* formuliert, im Sommer 1970 im Zuge eines Films von Ferry Radax entstanden. Auch wenn Bernhard seine gefilmten Äußerungen in einer schriftlichen „Notiz" zu relativieren sucht – schließlich habe er sie „in dem Zustand äußerster Irritation" gemacht und als eine Art „Experiment"[44] –, wird *Drei Tage* in der Forschung doch immer wieder aufgrund des autopoetologischen Charakters herangezogen und bietet, wie gesagt, auch hier Aufschluss. Bernhard gibt sich darin als postmoderner, da *metarécits* zurückweisender[45] „Geschichtenzerstörer":

> Geschichten hasse ich im Grund. Ich bin ein *Geschichtenzerstörer, ich bin der typische Geschichtenzerstörer*. In meiner Arbeit, wenn sich irgendwo Anzeichen einer Geschichte bilden, oder wenn ich nur in der Ferne irgendwo hinter einem Prosahügel die Andeutung einer Geschichte auftauchen sehe, schieße ich sie ab[46].

Das bedeutet nun nichts anderes, als „daß in allen Fällen ein erzähltes Geschehen hinter seiner erzählerischen Vermittlung zurücktritt"[47] oder kurz: der Form höchste Bedeutung zukommt. Radikalisiert ließe sich gar sagen: „[T]emporal

[40] Theodor W. Adorno: Ästhetische Theorie, a.a.O., S. 230.
[41] Rita Cirio: Austriacus infelix. 1982. In: Dreissinger, Sepp (Hg.): Von einer Katastrophe in die andere, a.a.O., S. 101.
[42] Thomas Bernhard: Monologe auf Mallorca. (1981). In: Fleischmann, Krista (Hg.): Thomas Bernhard – Eine Begegnung. Gespräche mit Krista Fleischmann. Wien 1991, S. 104.
[43] Victor Suchy: Die Vergangenheit ist unerforscht. 1967. In: Dreissinger, Sepp (Hg.): Von einer Katastrophe in die andere, a.a.O., S. 27.
[44] Beide Thomas Bernhard: Notiz. In: Ders.: Werke, Bd. 11. Erzählungen I. Hrsg. v. Martin Huber und Wendelin Schmidt-Dengler. Frankfurt a. M. 2004, S. 259.
[45] So benennt etwa Wolfgang Welsch das „Ende der Meta-Erzählungen" als ein wesentliches Kriterium der Postmoderne (Wolfgang Welsch: Unsere postmoderne Moderne. Weinheim 1991, S. XV). Zur literaturgeschichtlichen Verortung Bernhards siehe Schlusskapitel.
[46] Thomas Bernhard: Drei Tage, a.a.O., S. 83f.
[47] Volker Finnern: Der Mythos des Alleinseins. Die Texte Thomas Bernhards. Frankfurt a. M., Bern, New York und Paris 1987, S. 72.

succession is sufficient as a *minimal* requirement for a group of events to form a story"[48] – wenn Bernhard seine Texte ab einem bestimmten Punkt also inhaltlich wie formal zerhackt (und mit der Zeit damit artistisch zu jonglieren beginnt), scheint es dennoch völlig auszureichen, dass die Lektüre sich, abhängig vom linearen Charakter des Mediums, in gewisser zeitlicher Folge vollzieht[49] und sich allein darüber schon eine „story" ergibt.

I.2
Zielsetzung: die narrative Grammatik oder Poetik Bernhards

Die vorliegende Untersuchung nun will eine *Poetik* oder *narrative Grammatik* formulieren, die dem Schreiben Bernhards zugrunde liegt und es ihm ermöglicht, trotz allem „mit den Wörtern und Sätzen zurande zu kommen"[50]; sie sucht nach formalen Merkmalen, die sich durch ihre Wiederkehr im Werk als Charakteristika festmachen lassen, und zwar nach folgender Bestimmung:

[N]arrative structures present characteristics which are remarkably *recurrent*, and these recurrences allow for the recording of distinguishable *regularities*, and that they thus lead to the construction of a *narrative grammar*. In this case it is evident that he [the linguist] will utilize the concept of grammar in its most general and non-metaphorical sense, understanding such a grammar to consist of a limited number of principles or structural organization of narrative units, complete with rules for the combination and functioning of these units, leading to the production of narrative objects[51].

Dazu soll Bernhards Kurzprosawerk[52] analysiert werden, das von der Forschung bislang weitgehend vernachlässigt wurde, und zwar, wie es sich zwischen 1950 und 1984 darstellt (in der Textform der Werkausgabe[53]), denn „Ästhetik hat

---

[48] Shlomith Rimmon-Kenan: Narrative Fiction, a.a.O., S. 18f.

[49] Zudem gilt: „Der narrative Text hat, wie jeder andere Text, keine andere Zeitlichkeit als die, die er metonymisch von seiner Lektüre empfängt" (Gérard Genette: Die Erzählung. München 1998, S. 22).

[50] Jean-Louis de Rambures: Alle Menschen sind Monster, sobald sie ihren Panzer lüften, a.a.O., S. 109.

[51] Algirdas Julien Greimas: Narrative grammar: units and levels. In: Modern Language Notes 86 (1971), S. 794.

[52] Um die Gültigkeit der aufgespürten Poetik für das *gesamte* Prosawerk zu bestätigen, müssten neben den Kurztexten natürlich auch die umfangreicheren Erzählungen und Romane Bernhards untersucht werden. Dies kann hier aus Platzgründen nur andeutungsweise geschehen.

[53] Thomas Bernhard: Werke, Bd. 14: Erzählungen. Kurzprosa. Hrsg. v. Hans Höller, Martin Huber und Manfred Mittermayer. Frankfurt a. M. 2003. Sowie: Thomas Bernhard: Werke, Bd. 11: Erzählungen I. Hrsg. v. Martin Huber und Wendelin Schmidt-Dengler. Frankfurt a. M. 2004.

nicht auf die vergebliche Jagd nach den Urwesen von Kunst auszuziehen, sondern derlei Phänomene in geschichtlichen Konstellationen [hier verstanden als Werkzusammenhang] zu denken"[54]. Genauer geht es um folgende Texte (Chronologie nach Erstveröffentlichung[55] und bei Bedarf in alphabetischer Folge; in Klammern: zugehörige Erzählsammlung):

19.06.1950	*Das rote Licht*
08.09.1951	*Die Siedler*
13.12.1952	*Von einem Nachmittag in einer großen Stadt*
24.12.1952	*Von sieben Tannen und vom Schnee*
17.01.1953	*Die verrückte Magdalena*
21.02.1953	*Das Vermächtnis*
10.10.1953	*Das Armenhaus von St. Laurin*
15.10.1953	*Großer, unbegreiflicher Hunger*
13.01.1954	*Wintertag im Hochgebirge*
17.07.1954	*Der Untergang des Abendlandes*
August 1954	*Die Landschaft der Mutter*
14.08.1954	*Ein älterer Mann namens August*
März 1956	*Von einem, der auszog die Welt zu sehen*
1956	*Der Schweinehüter*
1960	Ereignisse[56]
1963	*Der Briefträger / Der Kulterer* (An der Baumgrenze)
	Ein Frühling
	Eine Zeugenaussage
1964	*Der Italiener* (An der Baumgrenze)
1965	*Attaché an der französischen Botschaft* (Prosa)
	Der Zimmerer (Prosa)

---

[54] Theodor W. Adorno: Ästhetische Theorie, a.a.O., S. 523.

[55] Die Chronologie geht auf die Angaben im Anhang der Werkausgabe zurück wie auch auf: Thomas Bernhard Werkgeschichte. Aktualisierte Neuausgabe 1990. Hrsg. v. Jens Dittmar. Frankfurt a. M. 1990.

[56] Wie der „Kommentar" der Werkausgabe, Band 14 äußert, sind die *Ereignisse* im Sommer 1959 entstanden, „was auch mit den Informationen übereinstimmt, die wir Bernhards Korrespondenz mit Hedwig Stavianicek entnehmen können" ([Hans Höller, Martin Huber, Manfred Mittermayer:] Anhang. In: Bernhard, Thomas: Werke, Bd. 14, a.a.O., S. 557). *Ein Wolkenbruch, Ein Streckenarbeiter, Ein Unbekannter, In einem Herrschaftssitz, Der Schuldirektor* und *Ein Schauspieler* erscheinen noch im selben Jahr, *Der Präsident, Der Vorzugsschüler, Die Verwalterin der Großgrundbesitzerin, der Anstreicher* und *Die Maschine* 1961, *Zwei junge Leute, Das Mädchen, der Vierzigjährige* und erneut *Die Verwalterin, Eine Maschine* und *Der Schuldirektor* 1964. Gesammelt erschienen sind die Kurztexte schließlich 1969. Die Textversionen der Werkausgabe beruhen weitgehend „auf den Druckfahnen der geplanten Fischer-Ausgabe von 1960" (Ebd., S. 561); in diesem Jahr werden die *Ereignisse* daher eingeordnet.

	Ein junger Schriftsteller
1966	*Die Mütze* (Prosa)
	Jauregg (Prosa)
	Viktor Halbnarr
	Zwei Erzieher (Prosa)
1967	*An der Baumgrenze* (An der Baumgrenze)
	Das Verbrechen eines Innsbrucker Kaufmannssohns (Prosa)
	Ist es eine Komödie? Ist es eine Tragödie? (Prosa)
1968	*Beruhigung*
	Ein ländlicher Betrüger
	Unsterblichkeit ist unmöglich[57]
1969	*Midland in Stilfs* (Midland in Stilfs)
1970	*Als Verwalter im Asyl*
	Eine Frau aus dem Gusswerk und der Mann mit dem Rucksack
1971	*Am Ortler* (Midland in Stilfs)
	Der Wetterfleck (Midland in Stilfs)
1973	*Ebene*
1978	*Stimmenimitator*
19.03.1982	*Goethe schtirbt*
08.10.1982	*Montaigne*
1982	*Wiedersehen*
1983/84	*In Flammen aufgegangen*

Innerhalb dieser Texte verändern sich im Laufe der Jahre natürlich die Kombination und Gewichtung der einzelnen formalen Elemente, scheinbar gemäß eines Satzes aus Bernhards Erzählung *Amras*:

> Wir verschoben dann, wie von uns selber verhöhnt, von den Landschaften, von den Wissenschaften, von den menschlichen Dunkelhaften und Künsten, unter närrischen, konfusen Zurufen, Sätzezerbröckelungen, [...] immer wieder die Tische und Sessel und Bänke und Kästen im Turm[58].

Daher will und muss die vorliegende Untersuchung besonders auch diese Verschiebungen der Relationen berücksichtigen, um am Ende die Evolution Bernhardschen Schreibens formulieren zu können. Was sich im gerade genannten Zitat als „Zerbröckelungen" ausweist, bezeichnet bezüglich des zu untersuchenden Textkorpus' die vielfältigen Auflösungs- und Zerfallserscheinungen, die sich im Innern eines Kreises (der Rekursivität, des Sinns, des Seins) offenbaren

---

[57] Dieser Kurztext ist nicht in der Werkausgabe, Bd. 11 oder 14 enthalten, sondern dem Neuen Forum von 1968 entnommen.
[58] Thomas Bernhard: Amras. In: Ders.: Werke, Bd. 11, a.a.O., S. 122.

und sich, zusätzlich zerrissen durch die sich ausdehnende Bewegung dieses Kreises, in letzter Instanz selbst auslöschen: Worte, Sätze und Texte wie auch ihre Bedeutungen (oder „Sinn") radieren sich selbst aus. Darin liegen die Interpretationsschwierigkeiten Bernhards (als eine gewisse Ungreifbarkeit) begründet; darin verbirgt sich zugleich aber auch der Schlüssel zur Erkenntnis Bernhardscher Poetik als eine der „Selbstauslöschung"[59], der *auto-exaleipsis*. Ansätze hierzu finden sich in der Forschungsliteratur, doch beschränkt sich diese zumeist auf inhaltliche Analysen. So versteht Christian Katzschmann die Selbstauslöschung buchstäblich und widmet ein ganzes Buch *Selbstzerstörern* und suizidalen Prozessen.[60] Ebenfalls auf die Inhaltsseite zieht sich Eun-Hee Ryu zurück, geht es ihr doch um die Begriffe *Auflösung und Auslöschung*, die etwa an den Motiven der Abschenkung eines Erbes (z. B. in *Auslöschung*) und des Verbrennens einer Niederschrift (z. B. in *Watten*) näher erläutert werden und später Anfangs- und Endpunkt einer Entwicklung im Werk Bernhards bilden:

> ‚Auflösung' ist der zentrale Begriff im früheren Werk und bezieht sich auf die innere und äußere Struktur der Bernhardschen Welt, die gänzlich im Prozeß des Zerfalls begriffen ist. Das spätere Werk läßt sich hingegen durch ‚Auslöschung' charakteristisch umreißen. Es wird sich erweisen, daß ‚Auslöschung' einem konsequenten Bewusstsein entspringt, in dem das schreibende Ich versucht, mit dem Leben fertig zu werden und für sich selbst ein Ende zu setzen.[61]

Ausgehend vom Wortfeld „Auslöschung" beschreibt Silke Schlichtmann zwei Poetologien Muraus: „Einerseits soll das Schreiben zerstören, andererseits soll es bewahren bzw. wiedererschaffen"[62]. Doch begrenzt sie ihre überwiegend inhaltliche Untersuchung auf den Roman *Auslöschung* und kommt zu dem, wie noch zu sehen sein wird, falschen Schluss, dass „eine Auslöschung in dem Sinn, daß das geschriebene Wort und das, worauf es verweist, durch seine Niederschrift für den Leser vernichtet wird"[63], nicht möglich sei. Weitere Beschreibungen inhaltlicher Art und die Selbstauslöschung betreffend finden sich schließlich auch bei Gerhard vom Hofe und Peter Pfaff.[64] Hier stehen die Selbstbezweiflung

[59] Thomas Bernhard: Auslöschung. Ein Zerfall. Frankfurt a. M. 1988, S. 296.
[60] Christian Katzschmann: Selbstzerstörer. Suizidale Prozesse im Werk Thomas Bernhards. Köln, Weimar und Wien 2003.
[61] Eun-Hee Ryu: Auflösung und Auslöschung. Genese von Thomas Bernhards Prosa im Hinblick auf die ‚Studie'. Frankfurt a. M. 1998, S. 16.
[62] Silke Schlichtmann: Das Erzählprinzip ‚Auslöschung'. *Zum Umgang mit Geschichte in Thomas Bernhards Roman* Auslöschung. Ein Zerfall. Frankfurt a. M., Berlin, Bern, New York, Paris und Wien 1996, S. 38.
[63] Ebd., S. 37.
[64] Gerhard vom Hofe, Peter Pfaff: Die ästhetische Provokation des ‚Eschaton' in der Prosa Thomas Bernhards. In: Dies.: Das Elend des Polyphem. Zum Thema der Subjektivität bei Thomas Bernhard, Peter Handke, Wolfgang Koeppen und Botho Strauß. Königstein i.T. 1980, S. 28-57.

des Malers Strauch in *Frost*, die Selbsttötung des *Kulterers* und der Perserin in *Ja* ebenso im Zentrum wie die Selbstvernichtung Konrads im *Kalkwerk* und jene Roithamers in *Korrektur*. Eine erste Bemerkung zur *auto-exaleipsis* auf *formaler* Ebene macht Andreas Gößling, wenn er über den Roman *Auslöschung* schreibt:

> Das Kunstwerk verschlingt die Materialien als Elemente einer musikähnlichen Komposition, eines zugleich stofflichen und wie schwerelos schwebenden, zugleich flüchtigen und hermetischen Gebildes, dessen „Realität" zeitlich nicht über die Dauer der Lektüre, räumlich nicht über das Bewußtsein des Lesers hinausreicht – die suggestiv beschworenen Bilder, die rhythmisch bewegten Sätze durchströmen als überwältigende Klang- und Bilderflut das Bewußtsein, traumähnlich, rauschgleich; und was der Erwachende, d.h. der Interpret erinnernd, vergegenwärtigend, deutend festzuhalten vermag, das sind gewissermaßen nur Fetzen, Masken, Requisiten, während das Geheimnis ihrer Wirkung sich genauer Recherche entzieht.[65]

Doch verharrt diese Umschreibung zu sehr im Nebulösen, um in irgendeiner Form hilfreich zu sein. Ebenfalls den Roman *Auslöschung* betrachtet Sylvia Kaufmann; auch sie rückt formale Aspekte der Selbstauslöschungsprozesse stärker in den Vordergrund. Ausgehend von Franz-Josef Muraus vergeblichem Versuch, über sein Buchvorhaben „Auslöschung" eine eigene Identität zu erzeugen und darüber die Vergangenheit zu bewältigen, kommt sie am Ende angesichts des Scheiterns zu dem (formalen) Ergebnis: „The process of narrating destroys and extinguishes the relation to reality and replaces it by a progressive poetic discourse of language."[66] Anke Gleber indes leistet mit ihrer Betrachtung von *Auslöschung*, *Gehen* und *Der Untergeher* die bislang wohl brauchbarste Formanalyse zur „Auslöschung und Ablösung von Sprache durch ihre Varianten"[67], wie sie Bernhard anhand der vielfachen, z. T. variierenden Wiederholung von Sätzen, über „ein System der generativen Transformationsgrammatik"[68] praktiziere. Doch ist dieses Phänomen, wenngleich mit dem überaus treffenden und übergeordneten Begriff der „generative[n] Destruktionsgrammatik"[69] bezeichnet, nur eines von verschiedenen formalen Eigenheiten Bernhardschen Schreibens und kann daher kaum als umfassende Poetik der Selbstauslöschung gelten.

[65] Andreas Gößling: Die „Eisenberggrichtung": Versuch über Thomas Bernhards AUSLÖSCHUNG. Münster 1988, S. 62f.
[66] Sylvia Kaufmann: The importance of Romantic Aesthetics for the Interpretation of Thomas Bernhard's „Auslöschung. Ein Zerfall" and „Alte Meister. Komödie". Stuttgart 1998, S. 83.
[67] Anke Gleber: *Auslöschung, Gehen*. Thomas Bernhards Poetik der Destruktion und Reiteration. In: Modern Austrian Literature 24.3/4 (1991), S. 90.
[68] Ebd., S. 92.
[69] Ebd.

20

Eine solche poetologische Gesamtbeschreibung der Bernhardschen Prosa versucht daher die vorliegende Arbeit. Dies geschieht in drei größeren Schritten.

Der erste Teil beschäftigt sich – auch, um das Textkorpus unter einem bestimmten inhaltlichen Gesichtspunkt vorzustellen – noch einmal im Detail mit Bernhards Sprachkritik, denn „[s]ein eigentliches Thema heißt Sprache"[70]. Dabei erscheint das Hinzuziehen von Fritz Mauthners Sprachphilosophie als besonders erfolgversprechend. Es wird zu sehen sein, dass viele Texte durchzogen sind von dessen Gedanken, die Anzeichen des Sprachzerfalls oder exakter des Zerfalls des Vertrauens in eine Sprache tragen, die in völliges Unverstehen oder – weniger radikal – in Missverstehen mündet. Welt wird Sprache sein, Sprache indes nur scheinbar linear: Viele Figuren werden daher einen Seiltanz aufführen, ohne sich für eine Seite entscheiden zu können, und endlos pendeln. Es wird sich zeigen, dass diese Figuren in ihrer Sprache und letztlich in sich selbst gefangen sind; dass die Begriffe, aus denen sich ihre Welt zusammensetzt, hohl sind und in sich zusammenfallen, die Figuren auf den Tod als einzige Konstante zurückwerfend.[71] Ähnlich dem jungen Mann werden die Figuren später aber immer häufiger nicht versuchen, das Gesagte verstehen zu wollen, sondern sie werden das Meta-Sprechen für sich entdecken als Erkenntnismittel für das „Wie" der Sprache.

In einem zweiten Teil weitet sich die Perspektive vom inhaltlich auf das formal Unentscheidbare, worunter all jene Techniken der Sprache zu verstehen sind, die den Seiltänzer weiter vorantreiben. Dazu gehören das Verstellen von Sinn durch Neologismen, endlose Nominalballungen und sperrige Genitivkonstruktionen ebenso wie das superlativische und antithetische, das musikalische und authentische (tatsächlich mündliche) Sprechen sowie der Kreis der Wiederholung – Steigerung – Übertreibung – Wiederholung, in dessen ausufernder Bewegung der Sinn untergehen wird: Sprachkrise wird zur Sinnkrise geworden sein.

Abschließend erfolgt die Beschreibung der Narration. Grundlage hierfür bildet Gérard Genettes Narratologie *Die Erzählung*[72], die sich durch große Genauigkeit auszeichnet. Gerät ihm der Abschnitt zur „Zeit" im Vergleich zu jenen des „Modus'" und der „Stimme" auch etwas *zu* ausführlich, so finden sich dort doch Bemerkungen zur *Frequenz* eines Textes und damit zur Iteration oder

---

[70] Brigitte Henniger-Weidmann: Worttransfusionen. Bedeutungsverschiebungen und Neologismen bei Thomas Bernhard. In: Fruchtblätter. Freundesgabe für Alfred Kelletat. Hrsg. v. Harald Hartung, Walter Heistermann und Peter M. Stephan. Berlin 1977, S. 218.

[71] Immerhin aber gibt es bei Bernhard diese Sicherheit, ist es auch die bloße Sterblichkeit: eben die Auslöschung, manchmal gar die *auto-exaleipsis*.

[72] Auch Eva Marquardt bezieht sich in ihrem Buch *Gegenrichtung. Entwicklungstendenzen in der Erzählprosa Thomas Bernhards* auf Genette, allerdings gerät ihre Analyse diesbezüglich zu oberflächlich. So beachtet sie beispielsweise kaum die (aufgesplitteten) Fokalisierungen, die doch für Bernhards Schreiben ab einem bestimmten Zeitpunkt (der Bruchstelle von Tradition und Innovation) eine wesentliche Rolle spielen.

Wiederholung, die bei Bernhard von größter Wichtigkeit ist. Dass Narratologie trotz aller Bedenken, im reinen Strukturalismus zu enden, indes noch immer ihre Berechtigung hat, hängt vor allem mit einem zusammen:

> [C]ultures consciously or unconsciously generate narrative structures, patterns, processes as one mode of perceiving, constructing, making sense of things and experiences. Narratology, in turn, gives names and a relational network to them. As long as narrative permeate cultures, narratology (in whatever modified form) is likely to remain effective[73].

Auch in diesem dritten Teil wird sich vor allem eines entdecken: Zerfall und (Selbst-)Auslöschung. Es wird sich zeigen, dass die zeitliche *Ordnung* wiederum zur musikalischen und damit sinnauflösenden, die Iteration als Element der *Frequenz* indes zur handlungsauslöschenden wird. Die Fokalisierungen auf Ebene der *Perspektive* werden zunehmend zersplittern und die *Zeiten der Narration* allmählich zerfallen. Verschiedenste Erzählerfunktionen werden für zusätzliche Unsicherheit sorgen. Nur eines wird überraschen: Entgegen jeder Erwartung werden narrative Ebenen (intra- und metadiegetische) nur äußerst selten innerhalb dieses Textkorpus' aufscheinen.

Am Ende steht schließlich eine Zusammenfassung der Ergebnisse; dort soll die narrative Grammatik oder Poetik Bernhards ihre endgültige Form finden, und zwar als Theorie der *auto-exaleipsis*, die sich angesichts aller Schwierigkeiten mit Objektivität und Neutralität versteht als „a self-conscious reflection, a conceptual framework, a set of hypotheses having explanatory power"[74].

---

[73] Shlomith Rimmon-Kenan: Narrative Fiction, a.a.O., S. 145.
[74] Ebd., S. 146.

II.1
Zum Inhalt: die Sprachkritik

„Sie ließen ihn zwar ausreden und hörten ihm auch zu, aber sie wollten ihn nicht *verstehen*"[75]. Dieses Schicksal erleidet der junge Mann, wie oben schon zu sehen war; ja mehr noch, er muss gar erleben, wie die Grenze zwischen Subjekt und Objekt zusammenfällt: Der alte Mann scheint aus nichts zu bestehen; seine Objekthaftigkeit verschwindet, verschmilzt scheinbar mit der Identität der anderen Figur. „Es gibt keine Kluft zwischen Psychischem und Physischem, kein Drinnen und Draußen, keine Empfindung, der ein äußeres von ihr verschiedenes Ding entspräche. Es gibt nur einerlei Elemente"[76]. *Tatsächlich* stellt sich das Verschmelzen (in *Der junge Mann*) als Eingeschlossensein im Kreisel der Rekursivität heraus. Es zeigt sich: „Subjekt und Objekt, Ich und Welt existieren nur in der Vorstellung der Sprache; sie sind ein Mythos, der durch die Sprache als dem einzigen Individuationsprinzip entstanden ist"[77]. Sprache erzeugt lediglich die Illusion von Linearität in Form ihrer notwendig zeitlichen Abfolge (die entpuppt sich allerdings als Kreis; auch löschen sich die Worte schon in ihrem zeitlichen Ablauf gegenseitig aus, womit ein erster Hinweis auf die *autoexaleipsis* gefunden ist); Sprache gaukelt zudem eine gewisse Kausalität vor aufgrund ihrer Grammatik, doch

[h]aben wir schon früher [...] in der Grammatik der Einzelsprachen die menschliche Notdurft erkannt, die sich nach kleinen menschlichen Interessen ein mangelhaftes Register für einen mangelhaften Weltkatalog ordnete, so wissen wir jetzt [...], daß weder die Redeteile noch die Form der Redeteile noch die Zusammensetzung zu Sätzen zu der Wirklichkeitswelt passen[78].

Wie der junge Mann nach einer Bestätigung seiner These verlangt und sie schließlich in den alten Mann hinein projiziert, dass er glaubt, in diesem zu sein, so „lesen und hören [wir generell] aus den Sprachformen immer nur den Sinn heraus, den wir aus unserer Kenntnis der Wirklichkeit hineingelegt haben"[79]. Der Sprecher verliert im unausweichlichen Kreiseln seiner Sprache, in sich allerdings seine Identität, da ein Objekt nie erreicht werden kann, um sich im Gegensatz dazu als Subjekt begreifen zu können. Ist aber Subjektsein und also Individualität eine Täuschung (der Sprache),

---

[75] Thomas Bernhard: Ereignisse, a.a.O., S. 212.

[76] Ernst Mach: Beiträge zur Analyse der Empfindungen. Jena 1886, S. 141.

[77] Walter Eschenbacher: Fritz Mauthner und die deutsche Literatur um 1900. Eine Untersuchung der Sprachkrise der Jahrhundertwende. Frankfurt a. M. 1977, S. 39.

[78] Fritz Mauthner: Das philosophische Werk. Band II,3, a.a.O., S. 257.

[79] Fritz Mauthner: Das philosophische Werk. Band II,2. Beiträge zu einer Kritik der Sprache, Bd. 2: Zur Sprachwissenschaft. Nach den Ausgaben letzter Hand hrsg. v. Ludger Lütkehaus. Wien, Köln und Weimar 1999, S. 312.

dann bebt der Boden, auf welchem wir stehen, und die letzte Hoffnung auf eine Spur von Welterkenntnis bricht zusammen [...]. Jetzt schwindet auch das Subjekt, es versinkt hinter dem Objekte, und wir sehen keinen Unterschied mehr zwischen dem philosophischen Streben menschlicher Jahrtausende und dem Traumdasein einer Amöbe[80].

Der Begriff der Individualität offenbart hiermit seinen hohlen Kern, seine Leere. Diese Einsicht teilt auch Bernhard, formuliert er doch einmal:

> [A]uf einmal gibt es *die* Illusion, Begriffe, nichts als Begriffe. Das Wort „Tragödie" ist eines Tages so hohl, daß ich plötzlich, sechsjährig, darüber lachen muß. „Es tut weh, es tut *nicht* weh", in diesem Bankerottspiel erlerne ich das Seiltanzen auf der menschlichen Ebene[81].

Andernorts macht er klar, das das Leben eine „fortwährende[...] Begriffeenttäuschung"[82] sei, doch seien die Menschen „durch Erziehung und Verbildung und vor allem durch Literatur auf Begriffe nicht nur fixiert [...], sondern an den Begriffen festgenagelt [...]. Und sie haben alle angenagelte Begriffe am Hirn, und so rasen sie ständig durch die Gegend."[83]

Alles ist also nur „ein Tausch von Schein und Worten leer"[84], da sich hinter den Begriffen das Nichts verbirgt, bei Bernhard oft als Tod maskiert, gemäß der Einsicht: „Das Eigentliche des Lebens geht in der sprachlichen Bezeichnung verloren; die Lebendigkeit des Wirklichen findet keine Entsprechung in den leeren und toten Begriffen"[85]. Um diese Erkenntnis drehen sich Bernhards Texte

---

[80] Fritz Mauthner: Das philosophische Werk. Band II,1, a.a.O., S. 662f.

[81] Thomas Bernhard: Unsterblichkeit ist unmöglich. Landschaft der Kindheit. In: Neues Forum 169-170 (1968), S. 96.

[82] Thomas Bernhard: Der Wahrheit und dem Tod auf der Spur. Zwei Reden. In: Neues Forum 173 (1968), S. 347.

[83] Thomas Bernhard: Monologe auf Mallorca, a.a.O., S. 145. Dagegen anzuschreiben hat sich Bernhard vorgenommen: Seine permanenten Wiederholungen bestimmter „*Empfindlichkeitswörter*" (Thomas Bernhard: Verstörung. Frankfurt a. M. 1988, S. 85) beraubt diese in einem Akt der „Selbstaufhebung" (Oliver Jahraus: Das ‚monomanische' Werk. Eine strukturale Analyse des Œuvres von Thomas Bernhard. Frankfurt a. M., Berlin, Bern, New York, Paris und Wien 1992, S. 190) allmählich ihres Inhalts, wie noch darzustellen sein wird; damit hat er einen Weg gefunden, sprachliche Genauigkeit zu erzeugen: Mögen die Begriffe einmal mehrdeutig und unverständlich gewesen sein – sobald sie *keinen* Inhalt mehr haben, sind sie eindeutig, natürlich um den Preis dessen, *was* ursprünglich ausgedrückt werden sollte. Doch daran entdeckt sich einmal mehr das Primat des Wie.

[84] Hugo von Hofmannsthal: Der Tor und der Tod. In: Ders.: Gesammelte Werke in Einzelausgaben, Bd. 1: Gedichte und lyrische Dramen. Hrsg. v. Herbert Steiner. Frankfurt a. M. 1970, S. 212.

[85] Walter Eschenbacher: Fritz Mauthner und die deutsche Literatur um 1900, a.a.O., S. 50.

immer wieder. So fragt eine einsame Figur schon im Frühwerk[86] nach einem grünen Fluß, doch erhält er darauf keine Antwort.

> Der Abend kam, die Nacht. „Warum?", fragte ich mich. „Wozu?" Ich warf mich auf das Bett. Ich versuchte einzuschlafen. Aber immer wieder sah ich die vier Wände, ein Handtuch, einen alten Tisch, eine Schreibmaschine, ein paar alte Schuhe. Ich sah eine Tür und ein Fenster und dahinter das Nichts[87].

Natürlich spricht die Figur in diesem Beispiel ihre Worte nicht wirklich aus, sie denkt sie lediglich; kann aber *Sprach*kritik auf Gedanken bezogen werden? Hier berührt die Untersuchung schon einen Aspekt Bernhardscher Erzähltechnik, jenen des „Modus" oder genauer der *Distanz*, die die Abbildung von Rede betrifft, sowie jenen der Fokalisierung, bei der es auch um die Verteilung von Redeanteilen geht: Seine Figuren lösen sich vor allem im Spätwerk in Worte auf[88] (und das nicht nur rein materiell gesehen als bestehend aus Schriftzeichen im Medium eines Textes), indem sie andauernd redend oder schreibend sich oder andere zitieren: „[W]ir sind eingeschlossen in eine fortwährend alles zitierende Welt, in ein fortwährendes Zitieren, das die Welt *ist*"[89]. Dadurch treten etwa Handlung und äußere Beschreibung in den Hintergrund; die Figuren verschwimmen, scheinbar im Einklang mit der Meinung einer bestimmten literaturwissenschaftlichen Schule:

> Under the aegis of semiotic criticism, characters lose their privilege, their central status, and their definition. This does not mean that they are metamorphosed into unanimate things (*à la* Robbe-Grillet) or reduced to actants (*à la* Todorov) but that they are textualized. As segments of a closed text, characters at most are patterns of recurrence, motifs which are continually recontextualized in other motifs. In semiotic criticism, characters dissolve[90].

---

[86] Zum „Frühwerk" zählen innerhalb dieser Untersuchung alle Texte von *Das rote Licht* bis zu *Der Kulterer*, also auch die hier zurecht vordatierten *Ereignisse*, denn: „Zwar zeigen sie, daß ihn [Bernhard] von Anfang an die gleichen Motive, Figuren und Milieus faszinierten, daß er aber seine charakteristische Diktion, diesen schwerfälligen und bohrenden, umständlich-insistierenden und von nahezu manischen Wiederholungen strotzenden Duktus erst später zu finden vermochte" (Marcel Reich-Ranicki: Leichen im Ausverkauf. Thomas Bernhard: „An der Baumgrenze", „Ereignisse" und „Watten". In: Ders.: Lauter Verrisse. Mit einem einleitenden Essay. Erweiterte Neuausgabe. Stuttgart 1990, S. 39); dazu zählt auch *Der Schweinehüter*. Damit zieht die vorliegende Untersuchung zufällig dieselbe Trennlinie wie jene der Werkausgabe. Wie es indes ab *Ein Frühling* zum Bruch kommt, wird später mehrfach zu sehen sein und am Ende noch einmal zusammengefasst werden.

[87] Thomas Bernhard: Großer, unbegreiflicher Hunger. In: Ders.: Werke, Bd. 14, a.a.O., S. 488.

[88] „Eigentliches *genus* aller Bernhardscher Texte ist die literarisch rekonstruierte, gesprochene Sprache" (Jahraus *Werk* 191f.).

[89] Thomas Bernhard: Verstörung, a.a.O., S. 140.

[90] Joel Weinsheimer: Theory of character: Emma. In: Poetics Today 1.1-2 (1979), S. 195.

Interessanterweise sind die gesprochenen Worte – manchmal nur scheinbar anderer Figuren und damit auf Krankheitsbilder wie Schizophrenie oder Persönlichkeitsstörung hindeutend[91] – in Bernhards Texten später zumeist direkter Ausdruck des *Denkens (als ein Sprechen)* einer Figur; treffender ließe sich daher zu keinem anderen Autor sagen: „[I]t is the *act* of reporting events, the *act* of describing persons and referring to places, that is fictive. The novel *represents* the verbal action of a man reporting, describing, and referring"[92]. Denken und Sprechen kann bei Bernhard daher nahezu gleichgesetzt werden (sprachkritische Bemerkungen über Gedachtes sind also möglich), auch im Sinne Mauthners: „Es gibt kein Denken ohne Sprechen, das heißt ohne Worte. Oder richtiger: Es gibt gar kein Denken, es gibt nur Sprechen"[93].

Um den gesamten Prozess noch einmal zusammenzufassen: Zunächst eignet sich Sprache nicht zu einer Verständigung, scheitert der Verständigungsversuch doch. Misstrauen gegenüber den Bezeichnungen (Begriffen) kommt auf, knapp beschrieben in einem frühen Text:

> Auf der einen Seite wirft das Heukareck seinen mächtigen Schatten über das tiefgelegene Tal, durch das sich die Bahn schlängelt, die du nicht siehst, auf der andern, drüben, ragt der Hochkönig ins Blaue. Aber das ist auch schon genug – nicht bezeichnen, nur es sehen[94].

Noch genauer heißt es andernorts: „Ich hatte nur ein Wort seiner Rede behalten: Erkenntnis. Und auch damit wußte ich nichts, nicht einmal wenig anzufangen"[95]. Dass die Figur hier nichts mit dem hochabstrakten Wort anzufangen weiß, lässt sich einfach und übereinstimmend mit Mauthner so erklären: „Je vergeistigter das Wort, desto sicherer erweckt es bei verschiedenen Menschen verschiedene

---

[91] Vgl. Peter Schallmayer: „Ich habe nichts zu verlieren!" Thomas Bernhards ,pathologische Groteske' *Ist es eine Komödie? Ist es eine Tragödie?* In: Thomas Bernhard Jahrbuch 3 (2004), S. 15-29.

[92] Barbara Herrnstein Smith: "Narrative Versions, Narrative Theories". In: Mitchell, W.J. Thomas (Hg.): On Narrative. Chicago 1981, S. 29.

[93] Fritz Mauthner: Das philosophische Werk. Band II,1, a.a.O., S. 176. Über das Verhältnis von Sprechen und Denken unterhalten sich auch die beiden Brüder in *Am Ortler.* Während der eine (der Studienschreiber) sagt, „unausgesprochene Gedanken sind nichts" (Thomas Bernhard: Am Ortler. Nachricht aus Gomagoi. In: Ders.: Werke, Bd. 14, a.a.O., S. 173), nimmt der andere (der Artist) die entgegengesetzte Position ein: „die ausgesprochenen Gedanken seien in jedem Falle verwässerte Gedanken, die unausgesprochenen, die wirkungsvollsten" (Ebd., S. 174), wobei er selbst jedoch nahezu ununterbrochen spricht, ja sprechen *muss*. Und während letzterer auf dem Weg zur Sennhütte verrückt wird, ist es ersterer, der dem Agenten seines Bruders einen Brief schreibt, in dem er ihrer beider Gedanken wiedergibt. So werden Denken und Sprechen hier letztlich wieder in eins gesetzt.

[94] Thomas Bernhard: Wintertag im Hochgebirge. In: Ders.: Werke, Bd. 14, a.a.O., S. 491.

[95] Thomas Bernhard: Der Untergang des Abendlandes. In: Ders.: Werke, Bd. 14, a.a.O., S. 497.

Vorstellungen"[96] oder – radikalisiert – eben *keinerlei* Vorstellung. Der Sprecher wird damit letztlich auf sich selbst zurückgeworfen und überträgt die empfundene Leere, das Nichts schließlich auf die Welt (die *mit* Worten gesuchte Wirklichkeit *hinter* Worten). In seiner Gesamtheit findet sich dieser Vorgang in der Erzählung *Die Mütze* beschrieben, wo ein Akteur nach Unterach flüchtet; in der dortigen Abgeschiedenheit will er eine Studie verfassen. Er beginnt optimistisch bei den Zusammenhängen, die er allerdings auflösen muss, als er „einen Teil der Begriffe, der ganz persönlichen, für sogenannte Anfangszwecke meines wiederaufgelebten Denkens gefügig"[97] macht. Schließlich landet er bei der reinen Selbstbetrachtung:

> Kläglich zog ich mich aus den ersten Versuchen wieder zurück [...]. Ich beschränkte mich [...] bald nurmehr noch auf das Ausfindigmachen von Bildern, auf die bloße Zergliederung, auf das Herauslösen kleinerer aus den großen Substanzen [...]. Ja, ich verfiel in die erbärmlichsten Kategorien der Selbstbetrachtung [...], ständig alle meine Auswege beobachtend, ohne einen Ausweg zu finden[98].

Am Ende spricht er gar von einem tierischen Dasein, und es gelingen ihm nurmehr die einfachsten Gedanken: „Immer nahe daran, verrückt zu werden, aber doch nicht *völlig* verrückt, beherrsche ich mein Gehirn dann nurmehr noch für entsetzliche Kommandierungen meiner Hände und Füße"[99]. Das Studienschreiben, im Übrigen eines der Leitthemen Bernhards und schon auf die narratologische Komponente der Erzählerfunktion, genauer jene der Regie vorverweisend, steht hier wie auch in anderen Texten metaphorisch für das Verstehen- *und* Verständigenwollen;[100] doch indem die Studie scheitert – „Es gibt ja nur Gescheitertes"[101] –, scheitert auch die Kommunikation als Akt der Vermittlung, scheitert das Verstehen und letzten Endes die Sprache, deren Platz eigentlich (wie selbstverständlich) *zwischen* den Menschen gesehen wird[102]. Sprechen zerfällt dem-

---

[96] Fritz Mauthner: Das philosophische Werk. Band II,1, a.a.O., S. 56.
[97] Thomas Bernhard: Die Mütze. In: Ders.: Werke, Bd. 14, a.a.O., S. 18f.
[98] Ebd., S. 19.
[99] Ebd., S. 20.
[100] „Die grundsätzliche Idee ist dabei stets [...], ein vollständiges, perfektes, vollkommenes, ultimatives Werk zu schaffen. Ein Ganzes eben. Aber nicht nur ein Ganzes, sondern gleichzeitig ein ‚Wahres'. Beide trügen zusammen, gelänge es denn, sie zusammenzubringen, den Namen ‚Authentizität'. Wenn man der textimmanenten Terminologie folgte; eigentlich aber meint dies ‚Identität'" (Franz Eyckeler: Reflexionspoesie, a.a.O., S. 224) – diese Identität allerdings ist, wie zu sehen war, (auf direktem Wege) nicht zu erlangen, ein Scheitern vorprogrammiert.
[101] Thomas Bernhard: Ja. Frankfurt a. M. 1978, S. 44.
[102] Bezeichnenderweise findet die Hauptfigur in *Die Mütze*, wie auch der junge Mann oder Lord Chandos, zum Kunstgriff der Metakommunikation: Indem sie plötzlich über ihr Scheitern schreibt (nachdem sie sich aufgrund einer gefunden Mütze aus der selbstgewählten Isola-

nach in Mitteilen und Verstehen, ist eine „soziale Erscheinung"[103], ein Konstrukt also, das in erster Linie als Mitteilungsmittel dienen soll, „als Erkenntnismittel aber stets unfruchtbar bleiben muß, immer nur bereit, das Wirkliche gesellig zu beschwatzen"[104]. Fällt nun aber gar, wie gezeigt, jegliches Gegenüber weg – auch der Akteur der *Mütze* schickt alle Bediensteten weg, um, wie er fälschlicherweise glaubt, arbeiten zu können –, wie könnte da ein Erkennen *als dialogisches Prinzip* zustande kommen?[105] Nicht von ungefähr sprechen Bernhards Figuren gar nicht erst von einem (dialogischen) „Gespräch", sondern lediglich von „Bemerkungen":

> [U]nsere Bemerkungen zerstören unseren Gesprächswillen, unsere Bemerkungen, wie die Bemerkungen überhaupt, die von ihm sogenannten „Versuche zu Hilfszeitbildern", haben mit dem Gesprächsbegriff nichts zu tun. [...] Das Gespräch als der Ausdruck der allerlächerlichsten Menschenerbärmlichkeiten ist uns nicht möglich[106].

Doch derart radikal verneint Bernhard nicht immer das Sich-Verständigenkönnen, nicht immer kommt es bei ihm zur völligen „Sprachverleugnung"[107]. Schon angedeutet wurde ja, dass Figuren oft andere zitieren (und diese also wahrnehmen müssen, sollten es nicht nur innere Stimmen sein, was gleichwohl manchmal der Fall ist); weitaus häufiger geht es Bernhard um das *Miss*verstehen. In den frühesten Texten hängt dieses vor allem noch davon ab, wer spricht und *was* er spricht. So dringt der Hinweis der Radacherin auf die

---

tion zu den Menschen begibt), gelingt ihr das Schreiben doch: „[I]ch schrieb und schrieb und schrieb" (Thomas Bernhard: Die Mütze, a.a.O., S. 34). Trotz aller Unmöglichkeit der Verständigung führt eine Metaebene zu einem Ergebnis.
[103] Fritz Mauthner: Selbstdarstellung. In: Raymond Schmidt: Die Deutsche Philosophie der Gegenwart in Selbstdarstellungen. Leipzig 1922, S. 135.
[104] Fritz Mauthner: Das philosophische Werk. Band II,2, a.a.O., S. 454.
[105] Diese Erkenntnisproblematik in *Die Mütze* fasst Ingrid Petrasch schön zusammen. Sie schreibt: „Wie der Textvergleich von Viktor Halbnarr und Ein Landarzt zeigen sollte, stehen im Mittelpunkt der Prosatexte Bernhards und Kafkas erkenntnistheoretische Fragestellungen, die man übergreifend als Wahrheitsproblematik bezeichnen kann. Diese lässt sich in die folgenden Einzelprobleme aufschlüsseln:
(1) Endgültige bzw. absolute Wahrheit scheint für den Menschen unerreichbar zu sein. (2) Mittels Reflexion, auch bei besonders gründlichem analytischem Vorgehen, kann man anscheinend nicht zu endgültigen Ergebnissen kommen. (3) Wahrheit scheint sprachlich nicht mitteilbar zu sein. (4) Gibt es überhaupt endgültige Wahrheit bzw. Erkenntnisse?" (Ingrid Petrasch: Die Konstitution von Wirklichkeit in der Prosa Thomas Bernhards. Sinnbildlichkeit und groteske Überzeichnung. Frankfurt a. M., Bern und New York 1987, S. 204f.).
[106] Thomas Bernhard: Zwei Erzieher. In: Ders.: Werke, Bd. 14, a.a.O., S. 12.
[107] Erich Jooß: Aspekte der Beziehungslosigkeit. Zum Werk von Thomas Bernhard. Selb 1976, S. 29.

29

drohende Lawinengefahr in *Das rote Licht* nicht zum Oberleutnant durch, eben weil er von einer Frau stammt:[108]

> Vorhin, als der Skilehrer gesprochen hatte, war er im Begriff gewesen, den „Vernunftgründen", die dieser vorbrachte, schließlich doch nachzugeben. Als aber die Frau mit ihrer seltsamen Geschichte dazwischengekommen war, da sträubte sich seine Offiziersehre, solchem Gefasel Glauben zu schenken. Jetzt durfte er nicht nachgeben, jetzt nicht! „Weibergewäsch!", sagte er geringschätzig. „Morgen früh ist Antreten und Geländeübung wie immer!"[109].

Auch ist der Redeinhalt der Radacherin ein Hindernis: Sie spricht von einem mysteriösen roten Licht, das sie gesehen habe und ihr wie eine Warnung vorgekommen sei. Sozialkritisch gibt sich hingegen der Text *Das Armenhaus von St. Laurin*; darin finden Arbeiter nicht nur kein Gehör mehr, ihr Sprechen wird gleich unterbunden, weil sie der untersten Gesellschaftsschicht angehören:

> Und darum braucht es niemanden wundern, wenn einmal einer von diesen Leuten [...] sein Lohnsäckchen packte und verschwand, eines Tages, so, wie er auftauchte war, mit [...] abertausend guten Gedanken, die er nie an den Mann bringen konnte, weil man ihn verachtete[110].

Die Siedler indes verstehen nicht, weil ihnen als Knechten eines Bauern die Amtssprache völlig fremd ist: „Schließlich erschien ein Herr des Steueramtes, wollte alle möglichen Schriftstücke sehen, nahm das Nationale ab, machte sich Notizen, es fielen allerlei steuerliche Sach- und Fachausdrücke, deren Sinn die beiden Burschen nicht begriffen"[111]. Die Hauptfigur in *Großer, unbegreiflicher Hunger* schließlich sucht eine städtische Mission auf, um etwas gegen den Hunger zu unternehmen. Doch scheitert auch hier die Verständigung daran, was gesagt wird, in diesem Fall von Seiten der Missionarin:

> Sie fuhr mit dem Bleistift über das weiße Papier: „Wann? Wie? Was? Warum? Das? Nein! Sie? Ach... Sind Sie verrückt? Sie verstehen mich doch... Verstehen Sie mich? Vielleicht... Nun passen Sie einmal auf... Ich meine... Verstehen Sie

---

[108] Hier ließe sich an das mancherorts festgestellte frauenfeindliche Potential der Werke Bernhards anknüpfen, doch ist dies nicht Thema der vorliegenden Untersuchung. Hingewiesen sei allerdings auf Mireille Tabah: Geschlechterdifferenz im Werke Thomas Bernhards. Ansätze zu einer feministischen Interpretation. In: Thomas Bernhard Jahrbuch 1 (2002), S. 133-144.
[109] Thomas Bernhard: Das rote Licht. In: Ders.: Werke, Bd. 14, a.a.O., S. 459.
[110] Thomas Bernhard: Das Armenhaus von St. Laurin. In: Ders.: Werke, Bd. 14, a.a.O., S. 481.
[111] Thomas Bernhard: Die Siedler. In: Ders.: Werke, Bd. 14, a.a.O., S. 462.

mich nicht? Können Sie mich nicht verstehen?..." In dieser Wörterflut ertrank ich[112].

Später geht es bei Bernhard wesentlich selbstreflexiver und ausdrücklich um das Missverstehen. So macht sich eine Figur folgende Gedanken: „[I]n diesem Frühling ist alles und jedes wieder zu Ende, wie morgen und übermorgen, auf Mißverständnissen aufgebaut"[113], während eine andere denkt:

> [W]ie alles auf einem Mißverständnis beruht, auf dem Mißverständnis der aus Millionen von scheinbar, ich sage *scheinbar* verrückten Gehirnen zusammengesetzten Geschichte; ich arbeite seit Jahren an einer *Schrift über die Mißverständnisse*, über die generellen Mißverständnisse aller Zeiten, aller Vorgänge, aller Gedanken, aller Erscheinungen, der Aufwärts- und Abwärtsentwicklung der Welt[114].

Doch trotz aller Bemühungen, den Missverständnissen auf den Grund zu gehen, gelingt höchstens eine Annäherung[115] oder Fühlungnahme:

> Mit Dreißig habe ich [...] die Leiden meiner Generation zu studieren begonnen [...]; diesen Einfall habe ich mit grenzenloser Sicherheit zu verfolgen gewußt, und er hat mich ein ganzes Jahrzehnt beschäftigt, aber immer war ich, je tiefer ich in diesen Gedanken eingedrungen bin, mit ihm nur in Fühlung[116].

Die Figur muss feststellen, dass ein Problem lediglich ein anderes aus dem Wasser heraufzieht und es wieder hineinwirft, wobei sie erkennt: „[M]it den Begriffen geht alles unter"[117], eben weil die Begriffe zerfallen und damit lächerlich-sinnlos sind, wie eine andere Figur bemerkt:

> Aber ich weiß auch, daß es lächerlich ist, eine verzweifelte Existenz zu führen, auch nur die Feststellung zu machen, man führe eine verzweifelte Existenz, ist lächerlich, wie ja der Gebrauch des Wortes „Verzweiflung" an sich schon lächerlich ist... und wie, wenn man es überlegt, *alle* Wörter, die man gebraucht, auf einmal lächerlich werden[118].

Oder aber sie sind bestenfalls vieldeutig und erzeugen damit entgegengesetzte Vorstellungen: „Daß sie unverschämt sind, was sie immer abgestritten haben,

---

[112] Thomas Bernhard: Großer, unbegreiflicher Hunfer, a.a.O., S. 487f.
[113] Thomas Bernhard: Ein Frühling. In: Ders.: Werke, Bd. 14, a.a.O., S. 454.
[114] Thomas Bernhard: Eine Zeugenaussage. In: Ders.: Werke, Bd. 14, a.a.O., S. 356.
[115] Vgl. Thomas Bernhard: Die Kälte, a.a.O., S. 89.
[116] Thomas Bernhard: Eine Zeugenaussage, a.a.O., S. 356f.
[117] Ebd., S. 359.
[118] Thomas Bernhard: Jauregg. In: Ders.: Werke, Bd. 14, a.a.O., S. 51.

skrupellos, gemeingefährlich [, habe ich ihnen gesagt]. Da bezichtigten sie mich sozusagen der Wahrheit. Aber sagte ich ab und zu, daß sie schön sind, intelligent, um auch die Wahrheit zu sagen, bezichtigten sie mich der Lüge"[119]. Oft wird das Bemühen, sich zu verständigen, bei Bernhard (wie bei Mauthner[120]) auch in der Metapher des Gehens (und gleichzeitigen Denkens als ein Sprechen) ausgedrückt:

> [W]ir hatten uns einen Rhythmus des Gehens angewöhnt, sagte ich, der dem Rhythmus unseres Fühlens und Denkens, aber mehr doch *meines* Fühlens und Denkens entsprochen habe, als dem seinigen und aus diesem Gehrhythmus einen diesem vollkommen entsprechenden Rederhythmus entwickelt[121].

Und so berichtet der Mann in *Ist es eine Komödie? Ist es eine Tragödie?* davon, „daß er am heutigen Tag elf Stunden ununterbrochen [...] in einem einzigen Gedanken gegangen sei, ‚nicht auf und ab', sagte er, sondern ‚immer geradeaus, und wie ich jetzt sehe', sagte er, ‚doch immer im Kreis.'"[122]. Sein Gehen als Sinnbild der Verständigung oder des Denkens als ein Verstehen führt also zu keinem Ergebnis, er ist auf seinen Ausgangspunkt zurückgeworfen.

Damit langt die Untersuchung in einer ebensolchen Kreisbewegung wieder bei der Rekursivität an; es gibt eben – gerade beim Sprechen (bzw. Schreiben) und Denken, die eins sind – „kein Mittel, sich selbst zu entfliehen"[123], kein Verständlichmachen, „alles ist [lediglich] Verständnislosigkeit"[124]: Linearität der Sprache (verlaufend zwischen Sender und Empfänger) ist eine Illusion, das Gemeinte oszilliert nurmehr unentscheidbar zwischen dem Gesagten, seine Eindeutigkeit im Flimmern auslöschend[125]. Schon zitiert wurde die Textstelle „,Es tut weh, es tut *nicht* weh', in diesem Bankerottspiel erlerne ich das Seiltanzen auf der menschlichen Ebene"[126]; ein des Raubes angeklagter Kanzlist indes sagt: „Hohes Gericht, es ist wahr, was ich sage. Es ist alles wahr! Und selbst wenn es

---

[119] Thomas Bernhard: Montaigne, a.a.O., S. 419.

[120] Vgl. Fritz Mauthner: Das philosophische Werk. Band II,1, a.a.O., S. 16ff.

[121] Thomas Bernhard: Wiedersehen. In: Ders.: Werke, Bd. 14, a.a.O., S. 424.

[122] Thomas Bernhard: Ist es eine Komödie? Ist es eine Tragödie? In: Ders.: Werke, Bd. 14, a.a.O., S. 37.

[123] Thomas Bernhard: Der Italiener. Fragment. In: Ders.: Werke, Bd. 11, a.a.O., S. 259.

[124] Thomas Bernhard: Ungenach, a.a.O., S. 47.

[125] Diese Ambivalenz fängt Bernhard auch oft im schon skizzierten Bild des Seiltanzes ein. So heißt es im Theaterstück *Kant*: „Die Equilibristik hat mich / zeitlebens interessiert / Mein Talent ist einmal ein ganz anderes Talent gewesen / Ich hatte das größte Talent zum Equilibristen / [...] / Die Wahrheit ist im Equilibrismus" (Thomas Bernhard: Immanuel Kant. In: Ders.: Stücke 2. Frankfurt a. M. 1988, S. 333). Vgl. zum Motiv des Seiltänzers: Franz Eyckeler: Reflexionspoesie, a.a.O., S. 193ff., sowie Erich Jooß: Aspekte der Beziehungslosigkeit, a.a.O., S. 39f.

[126] Thomas Bernhard: Unsterblichkeit ist unmöglich, a.a.O., S. 96.

Lüge wäre, es ist wahr"[127], und eine andere Figur reflektiert über ihr Verhältnis zur Familie:

> So bezichtigten sie mich lebenslänglich einmal der Wahrheit und einmal der Lüge und sehr oft der Wahrheit und der Lüge und bezichtigten mich im Grunde lebenslänglich der Wahrheit und der Lüge, wie ich selbst sie lebenslänglich der Lüge und der Wahrheit bezichtige[128].

Um das Dilemma mit den Worten nun noch einmal auf den Punkt zu bringen: In seiner Rede zur Verleihung des Büchner-Preises spricht Bernhard ausführlich und in einer (später noch zu behandelnden) Klimax-Bewegung über die Wörter,

> mit welchen wir aus Verlassenheit im Gehirn hantieren, mit Tausenden und Hunderttausenden von ausgeleierten, uns durch infame Wahrheit als infame Lüge, umgekehrt durch infame Lüge als infame Wahrheit erkennbare in allen Sprachen, in allen Verhältnissen, die Wörter, die wir uns zu reden und zu schreiben und die wir uns als Sprechen zu verschweigen getrauen, die Wörter, die aus nichts sind und die zu nichts sind und die für nichts sind, wie wir wissen und was wir verheimlichen, die Wörter, an die wir uns anklammern, weil wir aus Ohnmacht verrückt und aus Verrücktheit verzweifelt sind, die Wörter infizieren und ignorieren, verwischen und verschlimmern, beschämen und verfälschen und verkrüppeln und verdüstern und verfinstern nur[129].

Wie aber ließe sich diese Sprachkrise, die Gefangenschaft im Zirkel des Verständigen- oder Verstehenwollens, des Unentscheidbaren überwinden? Mauthners Werk selbst schlägt einerseits den passiven Weg des Schweigens, andererseits jenen der aktiven Sprachkritik ein. Insbesondere der letztere Weg, jener der kritischen Beobachtung, wird auch bei Bernhard beschritten, heißt es doch an einer Stelle: „Der einzige Zweck ist, die Zwecklosigkeit (der Natur) zu beobachten"[130]. Die Auseinandersetzung mit dem Problem (hier der Zwecklosigkeit) gelingt also nur mittels Errichtung einer Meta-Ebene (wie auch in *Die Mütze*). Natürlich führt dieser Weg, das zeigt *Der junge Mann*, nicht zur Lösung des eigentlichen Problems[131], wirft aber durchaus andere (unerwartete) Ergebnisse ab: formale Einsichten, die sich zu einer Art Selbsterkenntnis verdichten

---

[127] Thomas Bernhard: Ereignisse, a.a.O., S. 217.

[128] Thomas Bernhard: Montaigne, a.a.O., S. 419f.

[129] Thomas Bernhard: Nie und mit nichts fertig werden, a.a.O., S. 83.

[130] Thomas Bernhard: Ein junger Schriftsteller. In: Ders.: Werke, Bd. 14, a.a.O., S. 368.

[131] Der junge Mann vertritt ja auch, neben einer paradoxen, auch die extreme These, dass er *immer* alleine sei. Doch „[m]an kann einen Satz, der die logische Form der Allgemeinheit hat (‚alle S sind P'), empirisch nur dadurch bestätigen, daß man alle Fälle vorweist. Da das in der Erfahrung so gut wie nie möglich ist, kann man behaupten: Erfahrung kann ein Naturgesetz, das die logische Form der Allgemeinheit hat, grundsätzlich nicht verifizieren" ([Carl Friedrich von Weizsäcker:] Die Einheit der Natur, a.a.O., S. 123).

(etwa wie es um die Sprache bestellt ist). Um in diesem Zusammenhang einen letzten Kurztext zu nennen: In *Stärkere* wird ein Mann von diesen in kafkaesker Weise, also „die Herrschaft apparatehafter Mächte"[132] spürend, gezwungen, einen Buchabschnitt zu lesen, den er nicht versteht. Daraufhin soll er verschiedene Fragen beantworten, was ihm zunächst auch gelingt. Doch er versagt bei der wichtigsten Frage, daher soll er sich die Antwort in einem bestimmten Raum geben lassen. Der Mann steigt also 114 Stockwerke in die Höhe auf die Lösung seines Problems zu, ganz im Stile Bernhards (und in Anlehnung an den Titel der Rede zur Verleihung des Rudolf-Alexander-Schröder-Stiftung-Literaturpreises 1965), nach dem die Klarheit mit der Höhe zunimmt. „Als er bei der letzten Türnummer angelangt ist, glaubt er, daß die Nummer, die ihm die Stärkeren gesagt haben, gar nicht existiert. In Wirklichkeit hat er sie vergessen"[133]. Da wird ihm sein ganzes bisheriges Verhalten bewusst: „Aus Angst, die Stärkeren könnten ihn für verrückt halten, bleibt er oben und versteckt sich hinter einem Mistkübel"[134]. Er betrachtet sich also plötzlich selbst und bemerkt nun, dass sein Suchen einer verrückten Handlung gleichkommt: Er hat eine Art Selbsterkenntnis erlangt, während er die eigentlich gesuchte Antwort (oder Erkenntnis) verloren gibt. Dehnt man dieses Ergebnis aus auf die (wissenschaftliche) Beschäftigung mit Bernhards Werk, erkennt man, dass der Autor den Zugang zum Werk oder „die Kategorien, unter denen sein Werk betrachtet wird, [...] unerbittlich vorzugeben"[135] scheint: Ein Sprechen über Bernhard führt vor allem zu formalen Ergebnissen und später vielleicht zu Erkenntnissen, die die eigene Methode betreffen, nämlich zumindest jene der Grenzen der Literaturwissenschaft. Damit geht diese Untersuchung von der eher inhaltlichen zur formalen Betrachtung über, die ohnehin, wie Wolfgang Meier schon 1970 bemerkt, „eine größere Annäherung [!] an die Schreib- und Äußerungswut Bernhards verspricht, als das Memorieren des Stoffs, so schnell er auch die Barrieren hin zur Empfindsamkeit des Lesers zu überwinden vermag"[136]. Dabei kann die Inhaltsseite freilich – aufgrund der Selbstreflexivität von Bernhards Texten – nicht völlig ausgeblendet werden.

---

[132] Hans Höller: Kritik einer literarischen Form. Versuch über Thomas Bernhard. Stuttgart 1979, S. 11.
[133] Thomas Bernhard: Ereignisse, a.a.O., S. 215.
[134] Ebd.
[135] Wendelin Schmidt-Dengler: Absolute Hilflosigkeit (des Denkens), a.a.O., S. 11.
[136] Wolfgang Meier: Die Abstraktion vor ihrem Hintergrund gesehen. In: Botond, Anneliese (Hg.): Über Thomas Bernhard. Frankfurt a. M. 1970, S. 23.

II.2
Zur äußeren Form: der Sprachstil

„Er tritt einen Schritt zurück und stellt fest, daß in dem alten Mann nichts vorgeht. In dem alten Mann ist nichts, das er wahrnehmen könnte. Jetzt läuft der junge Mann in sein Zimmer und deckt sich zu"[137]; dieser Ausgang des zweiten Experimentes des jungen Mannes ist bekannt. Es wurde ebenfalls schon gesagt, der junge Mann habe nicht zu entscheiden, dem alten Mann also nicht zu beweisen vermocht, ist er allein oder ist er es nicht. Sein sprachliches Scheitern – ihm gelingt keine Kommunikation als *Dialog*, lediglich ein Monolog[138] – hat seine Entsprechung auf formaler Ebene: Die Ausgangsthese seines Experimentes gründet ja, auch das war schon zu sehen, auf einer unentscheidbaren Paradoxie, eben jener, als tatsächlich Isolierter (wovon er ausgeht) einem anderen eben diese Isolation beweisen zu können. Daran scheitert schließlich der (wissenschaftliche) Beweis, indem er ein (objektives) Ergebnis als Entscheidung *à la* wahr/falsch nicht zulässt. Worum es hier letztlich aber auch geht, ist Sinn überhaupt. Dessen Entstehung lässt sich in einem einfachen Schaubild fassen:

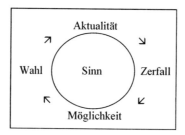

Abb. 2: Sinngenerator

---

[137] Thomas Bernhard: Ereignisse, a.a.O., S. 212.
[138] Die Bedeutung des monologischen Sprechens (wenn in diesem Beispiel auch nicht in direkter Rede wiedergegeben) erkannte auch Willi Huntemann. Er macht zwei Strukturtypen aus, „die den Prosaarbeiten zugrunde liegen [...]. Sie sind nicht rein nach der äußeren Textform, sondern vor allem nach ihrem Kommunikationscharakter [!] definiert. Es ist einmal der *Erzählerbericht als ,memoria mortui'* mit dem *Zitat* als dominierendem Konstruktionsprinzip, zum anderen die als *,authentisch' fingierte Selbstdarstellung* und die *Monologform*. Zwei wesentliche Charakteristika von Bernhards Schreibweise sind damit erfasst. Beide Strukturtypen sind spezifisch aufeinander bezogen und organisieren als Pole in einem (auch werkgeschichtlich zu verstehenden) Zirkel [!] das gesamte Prosawerk Bernhards" (Willi Huntemann: Artistik und Rollenspiel. Das System Thomas Bernhard. Würzburg 1990, S. 64f.).

Entscheidend ist die Unterscheidung „von gerade Aktuellem und Mög-
lichkeitshorizont"[139], denn zu einem bestimmten Zeitpunkt kann es nur *ein* Ak-
tuelles geben. Damit unterscheidet sich diese Aktualität – in ihrer Gegenwärtig-
keit nämlich – von allen Möglichkeiten, die ihren Platz in der Zukunft haben;
das Modell ist also in der Zeit eingebettet. Daraus folgt, dass das Gegenwärtige
zerfällt, zerfallen *muss* und Teil der Vergangenheit wird; eine der vorrätigen
Möglichkeiten wird zum neu *gewählten* Aktuellen, zerfällt wiederum und so
endlos fort. „Das Sinnprozessieren ist [...] ein ständiges Neuformieren der sinn-
konstitutiven Differenz von Aktualität und Möglichkeit. Sinn ist laufendes Ak-
tualisieren von Möglichkeiten"[140] oder einfach „ein sich selbst propellierender
(durch Systeme konditionierbarer) Prozess"[141]. Wie im Schaubild zu sehen ist,
drehen sich die Spitzen des Luhmannschen Sinn-Propellers von der Aktualität
hin zur Möglichkeit und weiter wieder zurück in die Ausgangsstellung, wobei
die Zeit im Inneren als treibender Motor, ein anderes System – etwa die Gesellschaft als die Menge von Relationen zwischen Elementen, also Mitmenschen in
wechselseitiger Interaktion – von Außen als hemmende wie auch tragende Luft
wirkt. *Prozessiert* wird mit dem Sinn das Letztverstehen. Nun hat der junge
Mann natürlich zwei Probleme: Einerseits gibt es für ihn offensichtlich kein äußeres, ihn tragendes System, erreicht er seine Mitmenschen doch nicht. Andererseits wirkt sich auch seine paradoxe These (ein Denkfehler?) gravierend aus,
indem sie es ihm unmöglich macht, überhaupt eine Wahl zu treffen. Damit läuft
sein Sinnkreislauf leer, Sinn kommt nicht zustande. Es ist schließlich das Scheitern seiner Verständigungsbemühungen, die dem jungen Mann die Einsicht
vermitteln, sein Tun und Wollen seien sinnlose Unterfangen. Das Scheitern und
das auf sich Zurückgeworfensein, die Rekursivität also ermöglichen ihm erst,
über sich selbst *zu reflektieren* und sich zu erkennen, auch nach einem Wort
Jean-Paul Sartres:

> Diese Anstrengung, sich selbst sein eigener Grund zu sein, seine eigene Flucht
> verinnert wieder aufzunehmen und zu verinnern, schließlich diese Flucht zu
> *sein*, sie als Flucht, die sich flieht, zu verzeitlichen, muß scheitern, und eben
> dieses Scheitern ist Reflexion[142].

Die Sprachkrise in *Der junge Mann* ist zugleich also auch eine Sinnkrise,
„[e]in Ungenügen am Weltentwurf (Weltmittelpunkt), der keinen Sinn mehr bie-

---

[139] Niklas Luhmann: Soziale Systeme. Grundriß einer allgemeinen Theorie. Frankfurt a. M.
1987, S. 100.
[140] Ebd.
[141] Ebd.
[142] Jean-Paul Sartre: Das Sein und das Nichts. Versuch einer phänomenologischen Ontologie.
Hrsg. v. Traugott König. Deutsch von Hans Schöneberg und Traugott König. Reinbek b. H.
2001, S. 294.

tet"[143]. Dies allerdings ist ein Phänomen, das sich auf das gesamte Werk Bernhards ausdehnen lässt: Seine Literatur hat insgesamt

> eine Sinn und Verstand unterlaufende, subvertierende Wirkung, die alles, was bis dahin an gewohnten Arten der literarischen Verstörung, Irritation und Verfremdung von den Surrealisten und Dadaisten bis hin zur Konkreten Poesie bekannt ist, einzelgängerisch und originell überbietet[144].

Wie diese Sinnlosigkeit inhaltlich als Misstrauen zum Ausdruck kommt, war schon am Beispiel der Sprachkrise und –kritik zu sehen und soll nun nur noch kurz skizziert werden; wie Bernhard allerdings außerdem seine Sprache *formal* – auch mittels Kreisbewegung, also Rekursivität[145] – in den Dienst der Sinnentleerung stellt, gilt es eingehender zu betrachten, als es bislang schon anhand der Paradoxie getan wurde.

Wie schon am Inhalt gezeigt, finden sich im Frühwerk erste Hinweise auf eine Sprachkrise. Allerdings schwingt dort immer auch ein „höherer" Sinn mit, ein gewisser religiöser Trost angesichts Gottes: „Da mag ich wohl an den Himmel gedacht haben, und an alle, die an ihn glauben. Da mag ich sehr glücklich gewesen sein und zufrieden und hingehorcht haben an tausend Dinge, die in mir und um mich waren: die tiefe Nacht!"[146], und andernorts verspricht der Tod nahezu eine bessere, jenseitige Welt (was für Bernhard später völlig undenkbar geworden ist): „Rose küßte die Stirn der [verstorbenen] Schulmeisterin. Eine wunderbare Welt war damit zu Ende, aber eine neue, vielleicht noch wunderbarere stieg herauf"[147]. Auch übt eine der Figuren in Bernhards frühen Kurztexten das Priesteramt aus, wobei ihm völlig ungebrochen die Rolle eines Weisen zukommt, wohingegen Bernhards spätere Invektiven gerade gegen die Kirche gerichtet sind. Dieser Kirchenvertreter erteilt zudem noch begierig aufgesogene Ratschläge: „Und das Schönste und Kostbarste ist, das merke dir, das Unscheinbarste"[148]. Oft ergehen sich Figuren auch im Schwärmen für ihre Kindheit:

---

[143] Wolfgang Meier: Die Abstraktion vor ihrem Hintergrund gesehen, a.a.O., S. 18.

[144] Franz Eyckeler: Reflexionspoesie, a.a.O., S. 74.

[145] Genau diese Rückbezüglichkeit bezeichnen andernorts die Begriffe „Rotation" (Benno von Wiese: Thomas Bernhard. In: Deutsche Dichter der Gegenwart. Ihr Leben und Werk. Unter Mitarbeit zahlreicher Fachgelehrter hrsg. v. Benno von Wiese. Berlin 1973, S. 634), „Wiederholung als via regia der Bernhard-Interpretation" (Oliver Jahraus: Die Wiederholung als werkkonstitutives Prinzip im Œuvre Thomas Bernhards. Frankfurt a. M., Bern, New York, Paris 1991, S. 121; vgl. auch den hießigen Abschnitt über die narrative Frequenz) und „Perseveration" (Alois Eder: Perseveration als Stilmittel moderner Prosa. Thomas Bernhard und seine Nachfolge in der österreichischen Literatur. In: Studi tedeschi 22 [1979], S. 77).

[146] Thomas Bernhard: Von sieben Tannen und vom Schnee. In: Ders.: Werke, Bd. 14, a.a.O., S. 466. Interessant ist hier das Tröstende der Nacht, die später immer als tödliche Finsternis erlebt wird.

[147] Thomas Bernhard: Das Vermächtnis. In: Ders.: Werke, Bd. 14, a.a.O., S. 478.

[148] Thomas Bernhard: Der Untergang des Abendlandes, a.a.O., S. 498.

„Was mir aber die meiste Kraft verlieh, war meine Jugend. Eine wundervolle
Zeit"[149]. Das ländliche Umfeld der Kindheit und Jugend (bzw. deren Wiederent-
deckung) gerät dabei zur Sinnstütze: „Und dann wanderst du den silbern blin-
kenden Spuren der Schlittenfuhrwerke nach, die vor dir denselben Weg bergauf
gefahren sind. Du fühlst dich wie neugeboren, so, als hättest du bisher völlig
sinnlos gelebt"[150]. Schließlich ist es immer wieder die Schönheit, die den Figuren begegnet (auch das später nahezu undenkbar): Da ist die Rede von den sieben Tannen, die die Welt bedeuten, worunter eine die Schönheit „personifi-
ziert"; und ein anderes Mal heißt es: „[N]ur hie und da tritt dir ein Reh in den
Weg, hundert Meter vor dir, steht still und wartet, schön, edel in der göttlichen
Schneelandschaft"[151], wobei das Reh hier eindeutig als Requisit in einer idyllischen Kulisse steht, wie sie der Heimatliteratur eigen ist. In deren Ton, „die
nach 1945 ihre Tröstungen für ein lesehungriges Publikum bereithielt"[152], finden
sich in *Die Landschaft einer Mutter* alle Elemente – Trost, Heimat, Schönheit –
vereint:

> Das schönste am Leben ist wohl die Heimkehr, der Heimgang ins Land der Ka-
> pellen, der Milchtische, der Brombeerranken und der tröstenden Sonne. Wie oft
> ist die Bitternis an deiner Seite, schuldest du einem Menschen ein wahrhaftes
> Wort, einem Tier die behütende Regung der Hand, deiner Mutter den tausends-
> ten Dank und der Heimat die Liebe. Nichts aber kann dir versöhnlicher sein als
> das kleine Stück Welt deiner Eltern, wo du die ersten Schritte getan von einem
> zum andern, vom Gemüsegärtlein ans blaue Ufer des Sees[153].

Und auch, wenn in diesem Text mit dem Altern aller Dinge schon die Endlich-
keit festgestellt wird, so ändert das nichts am Glauben an eine Sinnhaftigkeit der
Welt: „Aufzuspüren den Sinn [dessen Vorhandensein also vorausgesetzt wird],
hinzugeben, was *dir* ist, von ganzem Herzen, dies ist dein Wechsel, dein Auf
und Nieder zwischen dem Morgen und dem Abend; und dies ist dein Glaube"[154].
Insgesamt lässt sich somit festhalten:

> Diese frühen Dokumente einer scheinbar heilen und in Tradition, Brauchtum
> und Naturnähe geborgenen Existenz lassen nichts erahnen von Bernhards späte-
> ren Invektiven gegen das nationalsozialistisch-katholische Salzburg und gegen

---

[149] Thomas Bernhard: Von einem Nachmittag in einer großen Stadt. In: Ders.: Werke, Bd. 14,
a.a.O., S. 463.
[150] Thomas Bernhard: Wintertag im Hochgebirge, a.a.O., S. 490.
[151] Ebd., S. 491.
[152] Renate Langer: „Erbe, Erde, was war das immer?" Thomas Bernhards Heimatkomplex. In:
Thomas Bernhard und Salzburg. 22 Annäherungen. Hrsg. v. Manfred Mittermayer und Sabine
Veits-Falk. Salzburg 2001, S. 41.
[153] Thomas Bernhard: Die Landschaft der Mutter. In: Ders.: Werke, Bd. 14, a.a.O., S. 500.
[154] Ebd., S. 501.

die stumpfsinnige Bevölkerung ländlicher Gegenden, wie man sie aus Bernhards späteren Werken kennt[155].

Den *inhaltlichen* Wendepunkt stellt *Der Schweinehüter* dar, wo „die bäuerliche Idylle durch den Einbezug phantastischer und traumlogischer Momente aufgebrochen und verfremdet wird"[156]. Die heile Welt der Geborgenheit hat einen Riss bekommen, Gottesglaube bietet keinen Halt mehr. So denkt Korn „an den Gott, der ihn immer wieder im Stich läßt"[157]. Plötzlich ist er also da, „der Umschlag in die Negation, in den Haß, in die Erfahrung von existentieller Sinnlosigkeit"[158]. Damit fungiert der Text – nimmt man den Ausgang der Erzählung davon aus – als eine Art Symmetrie-Achse für den Werkinhalt; die Idyllik der frühen Texte wird daran gespiegelt auf die Anti-Idyllen der späteren Texte. Während sich beispielsweise in *Die Landschaft der Mutter*, wie gesagt, der Gang durchs Gemüsegärtlein in einer heilen Welt vollzieht, so erteilt *Landschaft der Kindheit* (so der Untertitel des Kurztextes *Unsterblichkeit ist unmöglich*) – ebenfalls durch ein Gehen – dem eine radikale Absage:

> Ab und zu gehe ich, in letzter Zeit nur in Gedanken und nicht in der Wirklichkeit, in einer Verstandesmischung aus naiver Verzweiflung und berechnender Neugierde hinein, woraus ich vor fünfunddreißig Jahren gekommen bin, in die Landschaft meines Geschlechts [...]. Ich gehe in Häuser hinein und in Zimmer, in Gaststuben und in Schlachtverliese, ich sinniere an Schweinebarren, in Sakristeien. Ich suche den Ursprung meines Debakels. Ich perlustriere, interveniere. Aber die Heimat erweist sich naturgemäß dem, der sie überführen will, als eine zum Ekel gewordene Arroganz, Ignoranz[159].

---

[155] Christian Klug: Thomas Bernhards Arbeiten für das Salzburger *Demokratische Volksblatt* 1952 bis 1954. In: Modern Austrian Literature 21.3/4 (1988), S. 135.
[156] Ebd., S. 139.
[157] Thomas Bernhard: Der Schweinehüter. In: Ders.: Werke, Bd. 14, a.a.O., S. 518.
[158] Rudolf Habringer: Der Auswegsucher. Über Thomas Bernhards Anfänge als Journalist. In: Thomas Bernhard und Salzburg, a.a.O., S. 38. Dem widerspricht ganz offensichtlich der Ausgang der Erzählung: In dem Moment, als Korn sich erhängen will, sieht er „zwischen zwei Bäumen ein großes Kreuz, darauf ein lebendiger Mensch festgenagelt ist: es ist Jesus Christus [...]. Korn starrt auf das Kreuz" (Thomas Bernhard: Der Schweinehüter, a.a.O., S. 539), dann ruft er wie bekehrt „,Jesus! Jesus!'" (Ebd., S. 539) und verwirft seine Selbstmordabsichten. Am Ende sind es Osterglocken, deren Geläut Korns Rückkehr ins Leben signalisiert – von existentieller Sinnlosigkeit kann eigentlich keine Rede mehr sein. Doch geht der (religiöse) Ausgang auf Bedingungen des Herold-Verlags zurück – ursprünglich sollte am Ende wirklich der Selbstmord stehen (Vgl. [Hans Höller, Martin Huber, Manfred Mittermayer:] Anhang, a.a.O., S. 581ff.). Daher kann im Folgenden tatsächlich vom inhaltssymmetrischen Charakter des Textes gesprochen werden.
[159] Thomas Bernhard: Unsterblichkeit ist unmöglich, a.a.O., S. 95f.

Die Begriffe sind auch hier hohl, und alles stellt sich heraus als nurmehr tödlich. Die ganze Welt ist schließlich bloße „Zweifelswelt"[160], jeglichen Trosts und Sinns beraubt, der über den Tod hinausgeht und gerade an dessen Gewissheit zerbricht.

Nach dem *Schweinehüter*, genauer ab *Ein Frühling*, beginnt Bernhard auch, die *formalen* Mittel seines Schreibens der Sinnkrise zunehmend anzupassen bzw. gezielt für den Ausdruck von Sinnleere einzusetzen. Ein Blick auf Bernhards oft betonte Musikalität mag in diesem Zusammenhang hilfreich sein;[161] „auf den Stützpfeilern der Mathematik, die Poesie, die Musik, die alles zusammenhält"[162] scheint seine Sprache nun nämlich immer öfter „auf das zuzusteuern, wodurch sich Musik auszeichnet: den Mangel an semantisch fixierbarem Gehalt, die Reduktion ihrer Wirkung auf ihre Form"[163]. Bernhard selbst hat in seinem poetologischen Experiment *Drei Tage* darauf hingewiesen, dass sein Schreiben ein ununterbrochen musikalisches sei, das sich bis zu einem gewissen Punkt steigere:

> Das sind die Sätze, Wörter, die man aufbaut. Im Grunde ist es wie ein Spielzeug, man setzt es übereinander, es ist ein musikalischer Vorgang. Ist eine bestimmte Stufe erreicht nach vier, fünf Stockwerken – man baut das auf – durchschaut man das Ganze und haut alles wie ein Kind wieder zusammen[164].

Im Roman *Frost* heißt es gar sprachkritisch: „[D]ie Sprache kommt auf die Musik zu, die Sprache hat keine Kraft mehr, die Musik zu hintergehen, sie muß gerade *auf die Musik* zugehen, die Sprache ist eine einzige Schwäche"[165]. Auch in seinen Interviews äußert er sich häufig über Musik und Sprache. Diese Anmerkungen sind mancherorts auch komisch verzerrt, so etwa in einem Gespräch mit Krista Fleischmann:

> Ich schlag' ja immer, wenn ich oben spreche, unten mit der Fußspitze den Takt. Haben S' das nie bemerkt? man kann natürlich kaum gleichzeitig den Fuß anschauen und den Mund. Das ist bei mir vollkommen abgestimmt, das ist kontrapunktig. Ich muß das, weil ich bin ja ein *musikalischer* Mensch. Ich schlag' zu allem, was ich sag', meinen Takt mit den Füßen. Das kann man nur nicht, wenn

---

[160] Ebd., S. 96.
[161] Die Musikalität wird später unter narratologischen Gesichtspunkten zusätzliche Bedeutung erhalten, da auf Bernhard gemünzt scheint, was Genette über Proust schreibt: Sein Ziel sei, „die Formen der narrativen Zeitlichkeit von ihrer dramatischen Funktion zu befreien, sie für sich allein spielen zu lassen und sie [...] *in Musik zu setzen*" (Gérard Genette: Die Erzählung, a.a.O., S. 110).
[162] Thomas Bernhard: Der Kulterer. Erzählung. In: Ders.: Werke, Bd. 11, a.a.O., S. 316.
[163] Oliver Jahraus: Das ‚monomanische' Werk, a.a.O., S. 189.
[164] Thomas Bernhard: Drei Tage, a.a.O., S. 80.
[165] Thomas Bernhard: Frost. Frankfurt a. M. 1972, S. 189.

man im Operationssaal liegt und ang'schnallt ist. Nur ist man da auch nicht so geschwätzig[166]

Dennoch verrät das permanente Sprechen (und Schreiben) darüber, wie sehr ihn (und übrigens auch die Kritik) dieses Thema beschäftigt. Schon 1967 erwidert Bernhard auf die Frage, ob die musikalische Komponente wichtig sei für sein Schreiben: „Ja, das spielt die Hauptrolle. In dem was ich halt so weiß, in der Musik. [...] Ja, der Rhythmus, das muß halt auf die Silbe stimmen, für mein Gefühl, sonst fällt's auseinander, für mein Gehör"[167]. 16 Jahre später bekräftigt er wiederum sprachkritisch: „[W]as ich schreibe, kann man nur verstehen, wenn man sich klarmacht, daß zuallererst die musikalische Komponente zählt und daß erst an zweiter Stelle kommt, was ich erzähle"[168]. Am Ende seines Lebens schließlich begründet er seine Musikalität – neben der auch hier implizierten Sprachskepsis – mit der Schwere der deutschen Sprache:

> Man kann sich im Grunde nicht mitteilen. Das ist auch noch niemandem geglückt. In der deutschen Sprache schon gar nicht, weil sie ja hölzern und schwerfällig ist, eigentlich schauerlich. Eine grauenhafte Sprache, die alles tötet, was leicht und wunderbar ist. Man kann sie nur sublimieren in einen Rhythmus, um ihr eine Musikalität zu geben[169].

Dass Musik und Sprache in ihrer ästhetischen Strukturiertheit nun allerdings überhaupt vergleichbar sind, liegt auch daran, dass beide „auditorische, dynamische und temporale Künste sind"[170].

---

[166] Thomas Bernhard: Monologe auf Mallorca, a.a.O., S. 133f.
[167] Victor Suchy: Die Vergangenheit ist unerforscht, a.a.O., S. 29.
[168] Jean-Louis de Rambures: Alle Menschen sind Monster, sobald sie ihren Panzer lüften, a.a.O., S. 109.
[169] Asta Scheib: Von einer Katastrophe in die andere, a.a.O., S. 152. Das Paradebeispiel zu diesem Gedanken der Sprachschwere findet sich in Bernhards Roman *Auslöschung*. Dort (be)schreibt Franz-Josef Murau, wie er seinem Schüler Gambetti einmal erklärt: „Die deutschen Wörter hängen wie Bleigewichte an der deutschen Sprache, sagte ich zu Gambetti, und drücken in jedem Fall den Geist auf eine diesem Geist schädliche Ebene. [...] Deshalb [...] sei auch, was sie [die Deutschen] dichten, wie aus Blei" (Thomas Bernhard: Auslöschung, a.a.O., S. 8f.), worauf der Erklärungsversuch in einem rein akkustisch-musikalischen, vergnüglichen Waage-Spiel endet: „Plötzlich habe ich Gambetti einen Schopenhauerschen Satz aus der *Welt als Wille und Vorstellung* zuerst auf Deutsch, dann auf Italienisch vorgesprochen und ihm, Gambetti, zu beweisen versucht, wie schwer sich die Waagschale auf der mit meiner linken Hand vorgetäuschten deutschen Waagschale senkte, während sie sozusagen auf der italienischen mit meiner rechten Hand in die Höhe schnellte. Zu meinem und zu Gambettis großem Vergnügen sagte ich mehrere Schopenhauersche Sätze zuerst in Deutsch, dann in meiner eigenen italienischen Übersetzung [...] und entwickelte daraus mit der Zeit ein von mir auf die Spitze getriebenes Spiel [!]" (Ebd., S. 9). Von diesem Auf-die-Spitze-Treiben wird übrigens gleich noch zu sprechen sein.
[170] Christian Klug: Thomas Bernhards Theaterstücke. Stuttgart 1991, S. 190.

Elfriede Jelinek spricht von Bernhard, dem ausgebildeten Musiker, der „eine eigene Technik der Wiederholung entwickelt, aber in rhythmischer Gliederung, ähnlich einer ununterbrochenen Sinusschwingung, deren musikalischer Gesetzmäßigkeit sich niemand entziehen konnte"[171]. Die Wiederholung ist es also insbesondere, die die Musikalität (und zugleich die Sinnentleerung) der Sprache als eine Kombination aus „Rhythmus, Variation, Kontrapunkt und Leitmotivtechnik"[172] erzeugt, und zwar auch – denn Bernhards Schreiben ist ja ein „übereinandergesetztes Spielzeug" – mit Hilfe der Steigerung oder Klimax, die selbst eine Wiederholungsstruktur ist. Steigerung nun lässt sich auch Übertreibung nennen, über die sich eine Figur Bernhards folgende Gedanken macht: „Um etwas begreiflich zu machen, müssen wir übertreiben [...], nur Übertreibung macht anschaulich"[173]. Wiederholung kann indes wiederum als eine Art Übertreibung aufgefasst werden – damit schließt sich der (leerlaufende) Kreis der Wiederholung – Steigerung – Übertreibung – Wiederholung. Diese Stationen gilt es nun gezielt zu betrachten.

Schon früh fällt auf der Wortebene die Wiederholung bestimmter Begriffe auf, die im Laufe der Zeit immer mehr zu Charakteristika der Bernhardschen Sprache werden. Der Text *Kassier* zelebriert den redundanten Gebrauch des Temporaladverbs „immer"[174]; in *Präsident* erscheint das Wort „tatsächlich"[175]; im *Anstreicher* tritt „natürlich"[176] hinzu, im *Streckenarbeiter* „folglich"[177]. Ab *Eine Zeugenaussage* zählt „fortwährend"[178] zum festen Vokabular, ab dem *Attaché an der französischen Botschaft* das Bernhard-typische Wort schlechthin,

[171] Elfriede Jelinek: Der Einzige. Und wir, sein Eigentum. 1989. In: Dreissinger, Sepp (Hg.): Von einer Katastrophe in die andere, a.a.O., S.159f.
[172] Karlheinz Rossbacher: Thomas Bernhard: *Das Kalkwerk* (1970). In: Paul Michael Lützeler (Hg.): Deutsche Romane des 20. Jahrhunderts. Neue Interpretationen. Königstein i. T.1983, S. 382.
[173] Thomas Bernhard: Auslöschung, a.a.O., S. 128.
[174] Thomas Bernhard: Ereignisse, a.a.O., S. 198.
[175] Ebd., S. 204. Eine interessante Bemerkung zu diesem Wort macht Anne Betten: Es sei ein metakommunikativer Zusatz, der „nicht etwa die Welt des Wortes und die der Tatsachen, die fiktive und die ‚wirkliche Welt' auseinander[hält], sondern die Art der anderen, über die Welt zu reden und sie zu interpretieren, und die eigene, die dem Erzähler die einzig ‚tatsächliche' ist" (Anne Betten: Die Bedeutung der Ad-hoc-Komposita im Werk von Thomas Bernhard, anhand ausgewählter Beispiele aus „Holzfällen. Eine Erregung" und „Der Untergeher". In: Brigitte Asbach-Schnitker, Johannes Roggenhofer [Hgg.]: Neuere Forschungen zur Wortbildung und Historiographie der Linguistik. Festgabe für Herbert E. Brekle zum 50. Geburtstag. Tübingen 1987, S. 75). Dieses Wort allein steht also schon für die diversen Versuche von Bernhards Figuren, eine Meta-Ebene für sich zu nutzen, was manche Interpreten gar sprechen lässt von einem „Tatsächlichkeitsstil" (Ulrich Greiner: Der gewöhnliche Schrecken: „Der Stimmenimitator" und „Ja". In: Ders.: Der Tod des Nachsommers. Aufsätze, Porträts, Kritiken zur österreichischen Gegenwartsliteratur. München und Wien 1979, S. 75).
[176] Thomas Bernhard: Ereignisse, a.a.O., S. 207.
[177] Ebd., S. 209.
[178] Thomas Bernhard: Eine Zeugenaussage, a.a.O., S. 358.

„naturgemäß"[179]. *Der Zimmerer* wartet auf mit „nurmehr noch"[180] – in einem frühen Text noch lediglich „nur mehr"[181] – sowie mit „andererseits"[182], anfangs allerdings erst ohne, später im Text mit dem Pendant „einerseits". Während es in *Die verrückte Magdalena* noch heißt: „Als Maler hätte niemand in ihm einen Garagenwärter, als Garagenwärter, mit einem Wochenverdienst von knapp über 110 Schillingen, niemand in ihm einen Maler mit guten Anlagen und noch besseren Aussichten vermutet"[183], werden derartige Chiasmen ab dem *Zimmerer* mit dem Wort „umgekehrt"[184] versehen: „Vor allen anderen fürchte er sich, umgekehrt fürchteten alle anderen ihn"[185] oder virtuoser an anderer Stelle: „Entweder du vergrößerst deine Schritte, sagte er und nicht die Geschwindigkeit, während ich die Geschwindigkeit, nicht aber meine Schritte vergrößere, oder umgekehrt oder umgekehrt, damit wir zusammenbleiben, nebeneinander, sagte er"[186]. Gerade auch durch das „umgekehrt" entsteht dabei eine „formalisierte, in sich kreisende Rede, die von den musikalischen Prinzipien der Wiederholung, Entgegensetzung und Variation dominiert wird"[187]. Die meisten der anderen Worte dienen dem Ausdruck von Unausweichlichkeit („nurmehr noch") und endloser Dauer („immer", „fortwährend") oder aber werden dazu benutzt, einen scheinhaften, symbolischen Verweisungszusammenhang herzustellen („folglich", „tatsächlich", „natürlich", „naturgemäß"), der jedoch ebenso lediglich in Endlosigkeit mündet. Auch die Konstruktion einerseits – andererseits, die ab dem *Zimmerer* immer häufiger verwendet wird, dient ganz diesem Zweck: Unfähig, sich für eine Seite zu entscheiden oder auch: entscheiden *zu können* (da sich in dieser Struktur manchmal ein Paradox verbirgt), stecken die meisten Figuren „für immer" und der Natur der Konstruktion gemäß zwischen zwei Möglichkeiten fest: „daß ein solches Einerseitsandrerseits schwierig ist, ja oft bis an die Grenze der äußersten Leistungsfähigkeit einer Person geht, ist leicht zu begreifen"[188]. So heißt es beispielsweise im *Zimmerer*: „[D]ieser Mensch, der mir einerseits so fremd war wie keiner, andererseits alles andere als fremd"[189]. Um vorauszugrei-

---

[179] Thomas Bernhard: Attaché an der französischen Botschaft. In: Ders.: Werke, Bd. 14, a.a.O., S. 56.

[180] Thomas Bernhard: Der Zimmerer. In: Ders.: Werke, Bd. 14, a.a.O., S. 94.

[181] Thomas Bernhard: Großer, unbegreiflicher Hunger, a.a.O., S. 486.

[182] Thomas Bernhard: Der Zimmerer, a.a.O., S. 81.

[183] Thomas Bernhard: Die verrückte Magdalena. In: Ders.: Werke, Bd. 14, a.a.O., S. 471.

[184] Bernhard hat das Wort auch in einen kompletten Kurztext umgewandelt, der eben den Titel *Umgekehrt* trägt (Vgl. Thomas Bernhard: Der Stimmenimitator. In: Ders.: Werke, Bd. 14, a.a.O., S. 257).

[185] Thomas Bernhard: Der Zimmerer, a.a.O., S. 76.

[186] Thomas Bernhard: Am Ortler, a.a.O., S. 187.

[187] Andreas Herzog: Vom Studenten der Beobachtung zum Meister der Theatralisierung. Bernhard I bis III. In: Bernhard-Tage. Ohlsdorf. 1994. Materialien. Hrsg. v. Franz Gebesmair und Alfred Pittertschatscher. Weitra 1994, S. 109f.

[188] Thomas Bernhard: Ungenach, a.a.O., S. 16f.

[189] Thomas Bernhard: Der Zimmerer, a.a.O., S. 87. Weitere Beispiele dieser oft paradoxen Konstruktion sind „einerseits wäre ich gern zum Pinggera hineingegangen, andererseits hätte

fen: Im größeren Zusammenhang, auf Satzebene, stellt sich dieses Oszillieren als Antithetik dar, „was man den Vollständigkeitswahn nennen könnte, der bei Sprechern/Erzählern auftaucht, die nichts raffen können, sondern zwanghaft schrittweise vorgehen müssen"[190]. Dieser Wahn sieht anfangs noch so aus: „Und dann lachten sie, und dann weinten sie"[191]; wesentlich wirkungsmächtiger ist dann diese Form: „Immer wieder: einen Brief! Nein, keinen Brief! Einen Brief! Nein, keinen Brief!"[192]. Noch ausdrücklicher kommt die Scheu vor Raffung allerdings in *Montaigne* zum Ausdruck:

> Sie haben dich in grüne Kleider gesteckt, wenn du rote anziehen wolltest, in kalte, wenn die warmen notwendig gewesen wären, wolltest du gehen, mußtest du laufen, wolltest du laufen, mußtest du gehen, wolltest du Ruhe, haben sie keine gegeben, wolltest du schreien, haben sie dir den Mund zugestopft[193].

Das antithetische Schreiben (oder Sprechen) wirkt auf diese Weise einer Sinnfindung oder Sinnhaftigkeit entgegen: „Durchaus zu Recht wird betont, daß die antithetischen, bisweilen widersprüchlichen Denkbewegungen in der Figurenrede normativ geschlossenes Sinn- und Wertesystem intentional ausschlössen"[194].

Auf der Wortebene lässt sich zudem eine Vorliebe für Verbzusammensetzungen mit „herein-" und „heraus-" feststellen, etwa ‚Zivilisten in die Grube hineinschießen'[195], ‚hinauskomplimentieren'[196], ‚hinein- und hinunterentwickeln'[197], ‚aus der Zwecklosigkeit herausdenken'[198] oder ‚in das elterliche Kaufmannsrechnen hineinorfeigen'[199]. Diese Zusammensetzungen unterstützen ebenso den leerlaufenden Sinnkreislauf, indem sie in ihrer Passivität Unausweichlichkeit demonstrieren: „Generell bringen solche Zusammensetzungen komplexe Vorgänge auf ein anschauliches Energieschema, insinuieren sie eine traumatische Passivität, werden sie zu ‚viktimologischen' Vokabeln"[200].

---

ein so früher Gasthausbesuch auf mich und auf uns beide eine verheerende Wirkung gehabt" (Thomas Bernhard: Am Ortler, a.a.O., S. 175), „einerseits ist es ein Vorteil, wenn eine Kanzlei schon so alt ist, andererseits ein Nachteil" (Thomas Bernhard: Der Wetterfleck. In: Ders.: Werke, Bd. 14, a.a.O., S. 137) sowie *einerseits leise, andererseits doch nicht zu leise"* (Thomas Bernhard: Goethe schtirbt. In: Ders.: Werke, Bd. 14, a.a.O., S. 398).

[190] Karlheinz Rossbacher: Thomas Bernhard: *Das Kalkwerk* (1970), a.a.O., S. 178.
[191] Thomas Bernhard: Das Vermächtnis, a.a.O., S. 477.
[192] Thomas Bernhard: Am Ortler, a.a.O., S. 179.
[193] Thomas Bernhard: Montaigne, a.a.O., S. 419.
[194] Hermann Helms-Derfert: Die Last der Geschichte. Interpretationen zur Prosa von Thomas Bernhard. Köln, Weimar und Wien 1997, S. 5.
[195] Vgl. Thomas Bernhard: Ereignisse, a.a.O., S. 227.
[196] Thomas Bernhard: Eine Zeugenaussage, a.a.O., S. 362.
[197] Thomas Bernhard: Der Zimmerer, a.a.O., S. 88.
[198] Thomas Bernhard: Ein junger Schriftsteller, a.a.O., S. 367.
[199] Thomas Bernhard: Das Verbrechen eines Innsbrucker Kaufmannssohns. In: Ders.: Werke, Bd. 14, a.a.O., S. 65.
[200] Volker Finnern: Der Mythos des Alleinseins, a.a.O., S. 95.

Die zahllosen Neologismen indes, oder genauer die Zusammenballungs-
wörter, verlassen oft „demonstrativ den Raum der Sprache [... und begeben] sich
in den – zweifellos hyperbolischen – Raum des Irrationalen, Unsagbaren"[201].
Diese Neologismen treten im Laufe der Zeit bei Bernhard immer geballter auf,
wodurch sie den Sinn oder ein Verständnis platzfüllend verstellen. Beispiele für
reine „Nominalkomposita"[202] sind unter anderem das frühe (und noch wenig o-
riginelle) „Briefträgerstöchterchen"[203], später „Weidenkolonne", „Farrenkräuter-
formation" und „Schlangenblätterverband"[204] sowie „Oberflächenscharlatan"[205]
als Umschreibung des Wortes Architekt. Einige Komposita beinhalten das Element „Geistes-" wie etwa „Geisteslepra"[206] und „Geistesexistenz"[207], wiederum
andere – vor allem im Frühwerk – das „Sich-": „Sich-Näher-Treten[...]"[208] und
„Sich-gänzlich-selbst-Überlassene"[209]. Die Verwendung des Präfixes „un-", ohnehin häufig in Adjektiven zu finden, wird ebenfalls Substantiven angefügt, so
etwa bei „Unbefugnis"[210]. Viele Neologismen schließlich vereinen Substantive
mit zugehörigem Verb, etwa „Zubettgehen"[211] oder das Bernhard-typische
„Vordenkopfstoßen"[212], während andere aus dem Zusammenziehen verschiedenster Elemente hervorgehen: „Einundalles"[213] beispielsweise, oder aber die
„Durchdenschneewatekünste"[214]. Doch stehen die Neologismen nicht immer
separiert im Text, wie es bei den bislang genannten der Fall ist. Viele erscheinen

---

[201] Volker Finnern: Der Mythos des Alleinseins, a.a.O., S. 94.
[202] Manfred Mittermayer: Thomas Bernhard. Stuttgart und Weimar 1995, S. 189.
[203] Thomas Bernhard: Die verrückte Magdalena, a.a.O., S. 471.
[204] Alle Thomas Bernhard: Ereignisse, a.a.O., S. 228.
[205] Thomas Bernhard: In Flammen aufgegangen, a.a.O., S. 448. Die Liste der Wortneuschöp-
fungen ließe sich nahezu beliebig bereichern, etwa um die Beispiele „Finsterlandschaft"
(Thomas Bernhard: Der Kulterer, a.a.O., S. 319), „Gewohnheitsverbrechen" (Tomas Berhard:
Ein Frühling, a.a.O., S. 353), „Großmaulsäuglinge" (Thomas Bernhard: Das Verbrechen eines
Innsbrucker Kaufmannssohns, a.a.O., S. 62), „Hosenlatzphilosophen" Thomas Bernhard: Ein
ländlicher Betrüger. In: Ders.: Werke, Bd. 14, a.a.O., S. 385), „Bildungsschwachsinn[...]"
(Thomas Bernhard: Midland in Stilfs. In: Ders.: Werke, Bd. 14, a.a.O., S. 116) sowie „Zeu-
gungsgrößenwahn" (Thomas Bernhard: Montaigne, a.a.O., S. 418).
[206] Thomas Bernhard: Ein Frühling, a.a.O., S. 354.
[207] Thomas Bernhard: In Flammen aufgegangen, a.a.O., S. 448.
[208] Thomas Bernhard: Die verrückte Magdalena, a.a.O., S. 472.
[209] Thomas Bernhard: Wintertag im Hochgebirge, a.a.O., S. 492.
[210] Thomas Bernhard: Am Ortler, a.a.O., S. 178.
[211] Thomas Bernhard: Attaché an der französischen Botschaft, a.a.O., S. 59.
[212] Thomas Bernhard: Am Ortler, a.a.O., S. 183. Auch diese Liste könnte fast endlos ergänzt
werden, etwa durch „Beimirsein[...]" (Thomas Bernhard: Der Zimmerer, a.a.O., S. 82), „Stie-
felausziehen[...]" (Thomas Bernhard: An der Baumgrenze. In: Ders.: Werke, Bd. 14, a.a.O., S.
104), „Gehichodergehichnicht" (Thomas Bernhard: Beruhigung. In: Ders.: Werke, Bd. 14,
a.a.O., S. 381) „Vordenkopfstoßen"[212], sowie „Stiegensteigen" (Thomas Bernhard: Der
Wetterfleck, a.a.O., S. 133).
[213] Thomas Bernhard: Attaché an der französischen Botschaft, a.a.O., S. 59.
[214] Thomas Bernhard: Viktor Halbnarr. Ein Wintermärchen. In: Ders.: Werke, Bd. 14, a.a.O.,
S. 370.

auch in assoziativer Reihung, damit auf die Bedingungen ihrer eigenen Herstellung mehr verweisend denn auf ihre eigentliche Bedeutung: Die Kette „Möglichkeitswelt", „Möglichkeitsgrundstücke", „Möglichkeitsphilosophien"[215] gehört ebenso dazu wie jene der „*Körpererschöpfung*", „*Geisteserschöpfung*", „*Tageserschöpfung*"[216]. Diese Reihungen weisen ebenfalls schon voraus auf das Prinzip der Wiederholung, wie es gleich zu behandeln sein wird.

Noch einmal zurück zur Ballung: Diese kann auch im bloßen Auflisten endloser Substantive bestehen, dadurch den nominalen Charakter der Bernhardschen Sprache[217] und zugleich die formalen Kombinationsmöglichkeiten weiter betonend:

> Die Bauern verachten die Fleischhauer, die Fleischhauer die Bauern, die Bierbrauer die Gerber, die Gerber die Bierbrauer, die Gastwirte die Frächter, die Frächter die Gastwirte, die Schweinemäster die Schweinemäster, die Pfarrer die Pfarrer, die Professoren die Philosophen, die Philosophen die Professoren, die Professoren die Professoren, die Philosophen die Philosophen[218],

---

[215] Alle Thomas Bernhard: Attaché an der französischen Botschaft, a.a.O., S. 58.

[216] Alle Thomas Bernhard: Die Mütze, a.a.O., S. 24. Weitere Beispiele sind „Jugendverzweiflung und Jugendphilosophie und Jugendwissenschaft" (Thomas Bernhard: Das Verbrechen eines Innsbrucker Kaufmannssohns, a.a.O., S. 67), „Justiz*irrtümer*", „Justiz*katastrophe*", „Justiz*anachronismus*" (Thomas Bernhard: Als Verwalter im Asyl. Fragment. In: Ders.: Werke, Bd. 14, a.a.O., S. 391), „Struxkleidung, Struxhose, Struxrock, Struxjacke" (Thomas Bernhard: Der Wetterfleck, a.a.O., S. 148) sowie „Hochgebirgsaufenthalt", „Hochgebirgshabseligkeiten", „Hochgebirgsabsicht", „Hochgebirgsleidenschaft" und „Hochgebirgswahnsinn" (Alle Thomas Bernhard: Wiedersehen, a.a.O., S. 424 bzw. S. 425).

[217] Immer wieder wird diese Sprache auf den österreichischen Kanzleistil bezogen; so heißt es einmal allgemein: „Es ist eine aus dem österreichischen Kanzleistil hochstilisierte, zu größter dissonanter Musikalität getriebene Sprache, die zwar fast juristisch umständlich und genau ihre Themen einkreist, sich aber freimacht vom Zweckrationalismus der Amtssprache" (Ulrich Greiner: Die Tortur, die Thomas Bernhard heißt, a.a.O., S. 68); ein anderes Mal werden Elemente der Amtssprache genauer umrissen: „längere, wortreichere Sätze", „Mehrfachattribute und sehr lange Satzklammern", „eindeutige Tendenz zu kompliziertem, unübersichtlichem Satzbau", „häufige Wiederholung einzelner Verben", „Dominanz der Abstrakta", „sehr geringer Pronominalgebrauch", „Großteil [der Fachausdrücke] aus Einfach- und Mehrfachkomposita" (Alle Franz Eyckeler: Reflexionspoesie, a.a.O., S. 120). All diese Charakteristika weist auch Bernhards Sprache auf; eine gewisse Nähe zum Kanzleistil kann also durchaus behauptet und als ein Leitfaden der formalen Sprachanalyse hinzugezogen werden.

[218] Thomas Bernhard: Unsterblichkeit ist unmöglich, a.a.O., S. 95. Diese Substantiv-Ballung hat ihren Platz schon im frühen Text *Das Armenhaus von St. Laurin* „Dann gab es auch noch Schneider und Tischler, Lehrer und Gepäckträger, Schuster, Schauspieler, Sandalenmacher, Postbeamte, Lagerarbeiter, Maurer, Tapezierer und Straßenbahnschaffner, Krankenschwestern und Waggonreiniger" (Thomas Bernhard: Das Armenhaus von St. Laurin, a.a.O., S. 480f.).

wobei dies schon ein Beispiel ist für Bernhards „Wortkombinationsspielerei-
en"[219] oder seine rhythmisierten Wiederholungen. Neben den Substantiven werden – von Anfang an – häufig Zahlenangaben sich steigernd (oder übertreibend)
geballt, so in diesem Fall: „Jeden Tag waren es fünfhundert oder tausend Ge-
sichter"[220].

Am auffälligsten an Bernhards Sprache sind allerdings die Steigerungen
in Form von Komparativen und Superlativen, Elemente des Auf-die-Spitze-
Treibens. In einem frühen Text lautet der Komparativ noch einfach: „Meine
Schritte machte ich immer leichter"[221], doch schon kurz darauf setzt auch hier
das artistische Kombinieren ein: „Man konnte zu schwererer *oder* dreckigerer
oder schwererer *und* zugleich dreckigerer Arbeit abkommandiert werden"[222].
Um die Komparativform noch zu steigern, tritt später erst das schon bekannte
Temporaladverb „immer" hinzu: „in immer kürzeren Abständen auf immer länger eingesperrt"[223], wiederum später dann zusätzlich das Wort „noch": „eine
immer noch mehr vergrößernde Abneigung"[224]. Daran zeigt sich, dass die Komparative Mittel der Übertreibung sind. Genau dem arbeiten auch die Superlative
zu, die sich in verschiedenen Variationen auffinden lassen. Die Grundform lautet dabei: „die größte Peinigerin"[225]. Wie der Komparativ selbst jedoch – mittels
„immer" und „immer mehr" – gesteigert wird, so findet Bernhard später auch
einen Weg, den Superlativ an sich noch zu steigern, indem er das Präfix „aller-"
hinzusetzt und so etwa „der allerglücklichste Mensch"[226] erhält. Oder aber in
nachgestellter Form: „[I]n Tirol ist der Aufbahrungsaufwand der allergrößte"[227].
Sonst finden sich die Superlative zunehmend in substantivierter Form: „Das ist
das Furchtbarste in der Welt, wenn man kein Kind hat"[228] und gewissermaßen
geballt an der Stelle: „[D]as Schönste und Kostbarste ist, das merke dir, das Unscheinbarste"[229]. Darauf geht Bernhard zur Nachstellung über, zunächst mit dem
Partikel „als": „welcher dem Kulterer immer als der Bedauernswerteste unter
ihnen vorgekommen war"[230], dann in einem Nachsatz: „ich vergesse keine Be-

---

[219] Oliver Jahraus: Die Wiederholung als werkkonstitutives Prinzip im Œuvre Thomas Bernhards, a.a.O., S. 108.
[220] Thomas Bernhard: Von einem Nachmittag in einer großen Stadt, a.a.O., S. 463. Dies geschieht auch in *Großer, unbegreiflicher Hunger*: „Millionen und Abermillionen" (Thomas
Bernhard: Großer, unbegreiflicher Hunger, a.a.O., S. 483) sowie im Text *Als Verwalter im
Asyl*: „Tausende und Hunderttausende" (Thomas Bernhard: Als Verwalter im Asyl, a.a.O., S.
391).
[221] Thomas Bernhard: Von sieben Tannen und vom Schnee, a.a.O., S. 468.
[222] Thomas Bernhard: Der Kulterer, a.a.O., S. 313.
[223] Thomas Bernhard: Der Zimmerer, a.a.O., S. 78.
[224] Thomas Bernhard: Ein ländlicher Betrüger, a.a.O., S. 385.
[225] Alle Thomas Bernhard: Eine Zeugenaussage, a.a.O., S. 360.
[226] Thomas Bernhard: Als Verwalter im Asyl, a.a.O., S. 391.
[227] Thomas Bernhard: Der Wetterfleck, a.a.O., S. 149.
[228] Thomas Bernhard: Das Vermächtnis, a.a.O., S. 477.
[229] Thomas Bernhard: Der Untergang des Abendlandes, a.a.O., S. 498.
[230] Ebd., S. 329.

gegnung, nicht die unbedeutendste"[231], schließlich erst mittels „am" direkt nach dem Verb: „Die Qual, mit der Zeit nicht fertig zu werden, sei in der Unfreiheit, in Strafanstalten und Kerkern, am größten"[232], später als Adjektiv in substantivierter Form dem Nomen direkt nachgestellt: „[I]n der Vorzüglichkeit seines Stils ist er einer unserer größten"[233]. Nachweisen lässt sich zudem das verstärkte Auftreten der Kombination „auf die [Superlativ] Weise", das superlativische Adjektiv darin scheinbar unendlich variierend. Ein Beispiel findet sich mit „auf die niederträchtigste Weise"[234] etwa im Text *Der Zimmerer*. Ziel auch dieser Konstruktion ist es, einen gewissen Zustand zu umschreiben, das Wie dem Was überzuordnen. Neben der Verleugnung jeglicher Abstufung durch die Komparative und Superlative bewegt sich Bernhards Sprache auch „weg von der trockenen logischen Stringenz hin zur atemlosen Eruption, zum Emotionalen, Irrationalen"[235] oder auch hin zum Sinnlosen: Spricht die Figur nämlich nurmehr in superlativischen Wendungen, beraubt diese Übertreibung (auch als endlose Wiederholung) die absolute Steigerungsstufe ihres Sinns.

Dasselbe geschieht mit den Empfindlichkeitswörtern. Indem sie, wie generell nahezu alle Substantive in Bernhards Werk, selten durch Pronomen ersetzt werden, wiederholt sich ihre Nennung immer wieder: Sie werden oder sind Reizwörter (oder „fixe Ideen"[236]) der Figuren, die durch die fast endlose Wiederholung oder „Verselbständigung"[237] ihre Bedeutung allmählich verlieren, bis sie nurmehr als Symbol gelten können „eines Zustandes der Irritation bzw. der Überreiztheit"[238], der näher besehen einem Kreiseln gleichkommt „um ein imaginäres Zentrum, alle übrigen Funktionen mehr und mehr der Desorganisation überantwortend"[239]. Dabei dienen die Reizwörter aber auch zur rhythmischen Gliederung des Text- bzw. Redeflusses. Im Frühtext *Das Vermächtnis* ist es das Substantiv „Kind", das, wenn auch noch nicht zum Reiz-, so doch zum Wiederholungswort gerät: „,Du willst doch ein Kind'", „,Wenn man kein Kind hat'", „,Du warst doch mein Kind'"[240]. Ebenfalls noch wenig ausgefeilt ist die Mehrfachnennung von „Kanada"[241] in *Ein älterer Mann namens August*. Doch

---

[231] Thomas Bernhard: Ein Frühling, a.a.O., S. 355.
[232] Thomas Bernhard: Der Zimmerer, a.a.O., S. 83.
[233] Thomas Bernhard: Ein junger Schriftsteller, a.a.O., S. 364f.
[234] Thomas Bernhard: Der Zimmerer, a.a.O., S. 77. Weitere Beispiele sind u. a. „auf die niedrigste Weise" (Ebd., S. 78), „auf die fürchterlichste Weise" (Thomas Bernhard: Die Mütze, a.a.O., S. 19), „auf die infamste Weise" (Thomas Bernhard: Das Verbrechen eines Innsbrucker Kaufmannssohns, a.a.O., S. 62), auf die unauffälligste Weise" (Thomas Bernhard: Die Frau aus dem Gußwerk und der Mann mit dem Rucksack. In: Ders.: Werke, Bd. 14, a.a.O., S. 393), „auf die unglücklichste Weise" (Thomas Bernhard: Der Wetterfleck, a.a.O., S. 150) sowie „auf die unsinnigste Weise" (Thomas Bernhard: Montaigne, a.a.O., S. 423).
[235] Wolfgang Meier: Die Abstraktion vor ihrem Hintergrund gesehen, a.a.O., S. 20.
[236] Vgl. Fritz Mauthner: Das philosophische Werk. Band II,1, a.a.O., S. 559ff.
[237] Christian Klug: Thomas Bernhards Theaterstücke, a.a.O., S. 189.
[238] Karlheinz Rossbacher: Thomas Bernhard: *Das Kalkwerk* (1970), a.a.O., S. 378.
[239] Alois Eder: Perseveration als Stilmittel moderner Prosa, a.a.O., S. 77.
[240] Alle Thomas Bernhard: Das Vermächtnis, a.a.O., S. 477.

fachnennung von „Kanada"[241] in *Ein älterer Mann namens August*. Doch ab dem *Schweinehüter* beginnt das Aufscheinen der Empfindlichkeitswörter zu einem formalen Spiel zu werden: „[N]iemand [...] wird jemals den Augenblick voll und ganz ausschöpfen können, der für ihn den Beginn eines neuen Lebens bedeutet. Ein neues Leben! [...] Die neuen Leben sind furchtbar alt, denkt er. Vernichtet die neuen Leben!"[242]. Seine endgültige hochartifizielle Form findet diese Rotationstechnik schon in *Eine Zeugenaussage*. Wie schon weiter oben zitiert, geht es an einer Stelle immerfort um „Mißverständnisse". Andernorts wird in langer Reihe immer wieder das Paar „Wald" und „Mensch"[243] oder die Kombination „Verbrechen" und „Natur" genannt, wobei in letzterem Fall zum wiederholten Substantiv „Verbrechen" das zugehörige Adjektiv „verbrecherisch" hinzutritt[244]. Ausführlicher geschieht diese Ausdehnung in *Ein junger Schriftsteller*, wo gerade durch die enge Rotation der Worte „zwecklos" und „Zwecklosigkeit" diese erst erzeugt zu werden scheint:

> Er sei eine zwecklose Kreatur [...], die Menschen aber machten, vor allem die Massen, einen ebenso zwecklosen Eindruck. Auch auf mich macht die physikalische Geographie von Zeit zu Zeit einen fürchterlichen Eindruck der Zwecklosigkeit; an den Straßenkreuzungen kann man tagtäglich die Zwecklosigkeit der Menschen beobachten, die Zwecklosigkeit der Natur. Der einzige Zweck ist, die Zwecklosigkeit (der Natur) zu beobachten; so altern die Philosophen und ihre Philosophien und so altert mit ungeheurer Zwecklosigkeit auch die Wissenschaft! Die Zwecklosigkeit faucht und dröhnt, und sie stinkt und heult und ist hungrig. Die Zwecklosigkeit ist in Europa sowie in allen anderen Erdteilen; das Wasser ist zwecklos und die Luft ist zwecklos, die ganze Materie ist zwecklos. Diese Zwecklosigkeit überzeugt. Zwecklos ist, das etwas existiert, die Gedanken können es nicht aus der Zwecklosigkeit herausdenken[245].

Die Mütze bietet erstmals eine *umfangreichere* Sammlung verschiedener Reizwörter, darunter auch folgende Stelle:

> Zur Sache: ich bin nach Parschallen gelaufen, weil ich nicht verrückt werden will; ich muß aus dem Haus, wenn ich nicht verrückt werden will. Die Wahrheit aber ist, daß ich verrückt werden *will, ich will verrückt werden*, nichts lieber als *wirklich* verrückt werden, aber ich befürchte, daß ich noch lang nicht verrückt werden *kann*. Ich will endlich verrückt werden! Ich will nicht nur Angst haben vor dem Verrücktwerden, ich will endlich verrückt werden. Mit haben zwei

[241] Thomas Bernhard: Ein älterer Mann namens August. In: Ders.: Werke, Bd. 14, a.a.O., S. 508.
[242] Thomas Bernhard: Der Schweinehüter, a.a.O., S. 524.
[243] Vgl. Thomas Bernhard: Attaché an der französischen Botschaft, a.a.O., S. 57f.
[244] Vgl. Thomas Bernhard: Der Zimmerer, a.a.O., S. 93.
[245] Thomas Bernhard: Ein junger Schriftsteller, a.a.O., S. 367f.

Ärzte [...] prophezeit, daß ich verrückt werde, in Kürze würde ich verrückt werden, haben mir die beiden Ärzte prophezeit, in Kürze, in Kürze; jetzt warte ich
schon zwei Jahre darauf, verrückt zu werden, aber verrückt geworden bin ich
noch immer nicht[246].

Neben der bislang separierten bloßen Wiederholung von Wörtern spielt ab dem
Text *Beruhigung*, wo verschiedene Reizwortreihen etwa über das Denken, Gehen, Fürchten und Klopfen ineinander überfließen, die Kombination verschiedener Ketten (oder schlicht die Übertreibung) eine wesentliche Rolle:

> Wenn ich es in meinem Zimmer nicht mehr aushalte, weil ich weder denken
> noch schreiben noch lesen noch schlafen und dann, weil ich überhaupt nichts
> mehr, auch nicht mehr in meinem Zimmer auf- und abgehen kann, d.h., ich
> fürchte, weil ich schon die längste Zeit in meinem Zimmer auf- und abgegangen
> bin, daß mir, wenn ich auf einmal *wieder* auf- und abgehe, jeden Augenblick
> fürchte ich das, auch mein Auf- und Abgehen in meinem Zimmer unmöglich
> gemacht wird und weil ich das fürchte, dann auch tatsächlich unmöglich ge-
> macht ist, weil man klopft, d.h., man klopft, weil ich störe, weil ich auf- und ab-
> gehend störe, sie klopfen oder sie rufen oder ich höre sie gleichzeitig klopfen
> *und* rufen, was mir am unerträglichsten ist, weil ich fürchte, daß sie gleich wie-
> der klopfen oder rufen oder gleichzeitig klopfen *und* rufen könnten[247].

Auf die Spitze getrieben findet sich diese Kombinationskunst jedoch – in Verbindung mit dem Mittel der Klimax – in *Ebene*, wo sich das musikalische Bau-
prinzip wohl am besten nachvollziehen lässt. Nach Nennung einzelner Motive
werden diese moduliert, variiert und gegeneinander kontrastiert, dadurch eine
für die Musik typische „Sogwirkung"[248] erzeugend: Den Anfang macht der Satz
„[S]chon vor Jahrzehnten wären wir weg – und hinunter – und auch aus uns
selbst heraus – und hinunter gegangen und hätten alles aufgegeben und verlassen und zurückgelassen und ausgelöscht"[249]; kurz darauf werden die sich stei-
gernden Leitwörter noch einmal explizit hervorgehoben: „weggehen, verlassen,
zurücklassen, auslöschen"[250]. Die Elemente des Ausgangssatzes werden schließlich über vier weitere Stationen jeweils neu arrangiert, während die Reizwörter
unter (3) und (4) zugleich verdoppelt werden:

[246] Thomas Bernhard: Die Mütze, a.a.O., S. 22f. Daneben wiederholt die Figur immer wieder
auch die Worte „Kopfschmerz" und „Kinnschmerz" (Beide ebd., S. 24), „Mütze" (Ebd., S.
25ff.), „Ärzte" (Ebd., S. 26), „Burgau" und „Parschallen" (Beide ebd., S. 27) sowie „MÜT-
ZENDIEB" (Ebd., S. 32).
[247] Thomas Bernard: Beruhigung, a.a.O., S. 375.
[248] Franz Eyckeler: Reflexionspoesie, a.a.O., S. 78.
[249] Thomas Bernhard: Ebene, In: Ders.: Werke, Bd. 14, a.a.O., S. 395.
[250] Ebd., S. 396.

(1) Vor Jahrzehnten wären wir aus uns herausgegangen und weggegangen und hinuntergegangen und hätten alles verlassen und zurückgelassen
(2) [W]ir hätten schon vor Jahrzehnten alles aufgeben und alles verlassen und alles zurücklassen und alles auslöschen sollen
(3) Wir hätten vor Jahrzehnten aufgeben sollen, was wir, auch wenn wir weggehen und wenn wir verlassen und zurücklassen und auslöschen, jetzt nicht mehr aufgeben und verlassen und zurücklassen und nicht mehr auslöschen können[251]
(4) Wir haben, was wir glaubten, aufgeben, verlassen und zurücklassen und schließlich vergessen zu müssen, aufgegeben und verlassen und zurückgelassen und vergessen, wir sind aus uns herausgegangen und wir sind weggegangen und wir sind heruntergegangen, aber wir haben nichts aufgegeben und nichts verlassen und nichts zurückgelassen und nichts vergessen, wir haben in Wirklichkeit überhaupt nichts ausgelöscht[252].

Ähnlich rhythmisierend wirken neben den Reizwörtern auch die inquit-Formeln; sie „gewinnen die Funktion, den Redefluß prosodisch zu gliedern"[253]. Doch kommen diese Formeln erst in den späten Texten zur Geltung, muss sich nämlich zunächst eine narrative Voraussetzung erfüllen: Im Text müssen mehrere Figuren vorhanden sein, die von einer Figur nun direkt oder indirekt zitiert werden.[254] Die Kombination verschiedener inquit-Formeln beginnt im *Wetterfleck* noch recht einfach. Dort geben Erzähler auf extradiegetischer Ebene eine Niederschrift ihres Vormunds, des Anwalts Enderer, wieder („schreibt Enderer"[255]), der als intradiegetischer Erzähler seine Worte („sagte ich"[256]) und jene des hilfesuchenden Humer festhält („sagte er"[257]). Dadurch ergibt sich auf der

---

[251] Alle ebd.

[252] Ebd, S. 397.

[253] Willi Huntemann: Artistik und Rollenspiel, a.a.O., S. 68.

[254] Natürlich treten schon in den ersten Texten Bernhards mehrere Figuren auf, deren Worte (Sprache oder Gedanken) auch wiedergegeben werden, direkt etwa in der schon bekannten Form: „‚Weibergewäsch!'", sagte er abschätzig" (Thomas Bernhard: Das rote Licht, a.a.O., S. 459) oder indirekt: „Als sie nach der ersten [...] Nacht aufwachten, stand der Förster vor der Tür und fragte, von wem sie die Bewilligung erhalten hätten, hier zu bauen" (Thomas Bernhard: Die Siedler, a.a.O., S. 461). Hinzu kommen Formen der „transponierten Rede" (Gérard Genette: Die Erzählung, a.a.O., S. 233). Von Interesse ist an dieser Stelle jedoch das artistische Kombinationsspiel mit verschiedenen inquit-Formeln, das im Frühwerk noch nicht zum Tragen kommt.

[255] Thomas Bernhard: Der Wetterfleck, a.a.O., S. 135.

[256] Ebd., S. 136.

[257] Ebd., S. 139. Humers Bericht ließe sich als dritte narrative Ebene auffassen, er wäre somit metadiegetischer Erzähler. Doch werden seine inquit-Formeln – etwa „während mein Sohn mich aufforderte" (Ebd., S. 159) – nicht in das Kombinationsspiel miteinbezogen und sollen daher hier unberücksichtigt bleiben. – Die Erzählebenen sind hier vorausgreifend mit der Terminologie Genettes bezeichnet (Vgl. Gérard Genette: Die Erzählung, a.a.O., S. 163) und beweisen, dass es offenbar auch narrative Strukturen gibt, die wenn nicht gleich Sinnleere, so doch eine gewisse Irritation oder Erschütterung erzeugen.

ersten Erzähleben die einfache Kombination „sagt Humer, schreibt Enderer"[258]. Wesentlich variantenreicher, jedoch etwas anders stellt sich dieses Spiel in *Goethe schtirbt* dar. Hier rekonstruiert ein Besucher Goethes dessen letzte Tage – in derselben Form, wie sie übrigens insbesondere dem Roman *Das Kalkwerk* innewohnt. Dort heißt es etwa: „Die Menschheit führe, so Konrad zu Wieser, solange sie existiere, einen immer kostspieligeren ungeheuren Feldzug gegen Gehör und Gehirn [...]. Wo man hinschaue, Mord an Gehör und Gehirn, soll Konrad zu Wieser gesagt haben"[259]. Daran anknüpfend, zieht in *Goethe schtirbt* eine Figur in ähnlicher Weise die Äußerungen zweier Personen hinzu, mit denen sie sich unterhält: „so Riemer"[260] und „so Kräuter"[261] lautet die Grundform; auch findet sich der Ausdruck „soll Goethe gesagt haben"[262]. Diese drei Ausgangsformeln werden in der Folge erst erweitert zu „so Kräuter zu mir" oder „sagte ich zu Riemer"[263], und dann miteinander verknüpft: „so Kräuter wörtlich, er Kräuter, so Riemer"[264], „soll Kräuter zu Riemer gesagt haben, so Riemer" und „soll Kräuter gesagt haben"[265], „soll Goethe zu Kräuter gesagt haben" und „[s]o Kräuter, so Riemer"[266], „[e]r, Kräuter, so Riemer"[267]. Diese Formeln lassen sich in ihrer Wiederkehr ebenfalls – wie eben die Reizwörter – als sich selbst verselbstständigend bezeichnen, denn je weiter die Kombinierkunst mit ihnen getrieben wird, desto verwirrender erscheint, wer nun was gesagt habe: „[E]ine eindeutige Sprecherzuordnung [wird] erschwert, statt sie zu verdeutlichen"[268].

An der Bruchstelle von traditionellem und individuellem Schreiben ist besonders der Einsatz von Genitiven für Bernhards Sprache typisch; diese verstellen oft ein (sofortiges) Verstehen. So erscheint im *Kulterer* „elementare Umwandlung seines Gehirngefüges"[269], in *Eine Zeugenaussage* „in der phantastischen Geometrie der Zerwürfnisse"[270] sowie in *Ein Frühling* „Unterstandlosigkeit deiner Gedanken"[271]. Bernhard arbeitet zudem gerne mit Polyptota,

Konstruktionen, die [...] als Verb ein Paronym – und also eine Art lautliches und inhaltliches Echo – eines vorgeordneten Objekts aufrufen; indem das Syntagma so gleichsam auf sich selbst zurückgeworfen wird, erscheinen die etymologi-

[258] Thomas Bernhard: Der Wetterfleck, a.a.O., S. 140.
[259] Thomas Bernhard: Das Kalkwerk, a.a.O., S. 65.
[260] Thomas Bernhard: Goethe schirbt, a.a.O., S. 398.
[261] Ebd., S. 399.
[262] Ebd., S. 400.
[263] Beide ebd., S. 401.
[264] Ebd., S. 402.
[265] Beide ebd., S. 404.
[266] Beide ebd., S. 405.
[267] Ebd., S. 409.
[268] Oliver Jahraus: Das ‚monomanische' Werk, a.a.O., S. 180.
[269] Thomas Bernhard: Der Kulterer, a.a.O., S. 322.
[270] Thomas Bernhard: Eine Zeugenaussage, a.a.O., S. 355.
[271] Thomas Bernhard: Ein Frühling, a.a.O., S. 354.

52

schen Figuren schlechtweg als rekursive Ornamente, parodieren sie [...] immer auch die zirkuläre Gefangenschaft des Denkens, das „Rückbezügliche [!] des Gehirns"[272].

Als eine solche Konstruktion erscheint beispielsweise ‚Existenz existieren'[273]. Denselben Echo-Effekt haben außerdem die Tautologien „Wiederholung der Wiederholung"[274] und „perfidere Perfidie"[275], die eben als tautologische Konstruktionen auch „die Grenzfälle der Zeichenverbindung, nämlich ihre Auflösung"[276] darstellen.

Um abschließend ein typographisches Merkmal auf Wortebene zu nennen: Ab *Landschaft einer Mutter* beginnt Bernhard, bestimmte zu betonende Wörter bzw. Wortbestandteile zu kursivieren: „Dich preßten sie *nicht* in den Mantel ihrer Vergängnis"[277] bzw. „*Un*fähigkeit"[278]. Diese Hervorhebungen nehmen im Laufe der Zeit zu und verleihen den betroffenen Wörtern bzw. Wortbestandteilen oft zusätzliche Bedeutungen oder verschieben diese: „*Merk*würdiges"[279] bezeichnet so nicht etwas Seltsames, sondern etwas zu Merkendes. Diese Kursivierungen können auch mit dem Musikalischen in Beziehung gesetzt werden; ein kursiviertes Wort hat so „den Wert einer Bezeichnung in einer Musikpartitur [...], einem Fortissimo ähnlich"[280]. Das Druckbild betrifft übrigens auch die Gliederung des Textes in Absätzen. Sieht man von den *Ereignissen* ab, die für Absätze schlicht zu kurz sind, beginnt das Schreiben als Fließtext wiederum ab der Bruchstelle *Ein Frühling*, wenn auch hin und wieder unterbrochen von gegliederten Texten wie etwa *Der Italiener, Viktor Halbnarr* sowie *Montaigne*. Dass Bernhard auf Absätze zunehmend verzichtet, liegt auch im Interesse der oben geschilderten Techniken: Typographisch ununterbrochene Steigerungs- und Reizwortketten sowie Kombinationsspielereien verstärken so nur noch den Sprachsog.

Damit langt diese Untersuchung ganz allgemein bei der Steigerung oder Klimax an, einem rhetorischen Mittel, das Bernhard exzessiv zur Anwendung bringt, wie auch schon oben auf Wortebene zu sehen war. Doch muss hier die Inhaltsseite, genauer die jeweilige lexikalische Bedeutung eines Wortes mit berücksichtigt werden, um zu einem formalen Ergebnis – eben dem Nachweis der Klimax – zu gelangen. Anfangs sind es insbesondere Verben, die gegen andere mit gesteigerter Bedeutung ausgetauscht werden: „Da berichtete sie von ihrem

[272] Volker Finnern: Der Mythos des Alleinseins, a.a.O., S. 98.
[273] Thomas Bernhard: Am Ortler, a.a.O., S. 177.
[274] Thomas Bernhard: Der Wetterfleck, a.a.O., S. 138.
[275] Thomas Bernhard: Montaigne, a.a.O., S. 418.
[276] Ludwig Wittgenstein: Tractatus logico-philosophicus, a.a.O., S. 44.
[277] Thomas Bernhard: Landschaft der Mutter, a.a.O., S. 500.
[278] Thomas Bernhard: Ein junger Schriftsteller, a.a.O., S. 368.
[279] Thomas Bernhard: Der Stimmenimitator, a.a.O., S. 247.
[280] Eugenio Bernardi: Bernhards Stimme. In: Bernhard-Tage, a.a.O., S. 42.

53

Erlebnis, warnte, bat, beschwor"[281], heißt es in *Das rote Licht*, während sich die
Titelfigur des Textes *Ein älterer Mann namens August* wünscht: „[s]chlafen,
träumen, fortsein"[282]. Aber auch noch im Spätwerk lassen sich derartige Steigerungen aufspüren, beispielsweise die Klimax „ihr Denken zu zersetzen, sie zu
verhöhnen, sie zu zerstören und zu töten"[283]. Klimax-Reihen können allerdings
auch Substantive beinhalten, hier zusätzlich assoziativ verknüpft: „zum Vergnü-
gungs- oder zum Verleumdungs- oder zum Vernichtungszweck"[284], oder eine
auf- und absteigende Bewegung nachvollziehen: „Körper, Verstand, Kopf,
Verstand, Körper"[285]. Manchmal werden auch einfach Adjektive gesteigert: *„ein
Kunststück!* und dann: *ein komplizierteres Kunststück!* und dann: *ein noch komplizierteres Kunststück!* und dann: *jetzt das komplizierteste Kunststück!"*[286]. Später kippen die Steigerungen an einem bestimmten Punkt in ihr (inhaltliches) Ge-
genteil:

> [W]enn einmal [...] die Spaziergänge [...] nicht mehr in den Wald oder an den
> Fluß oder in das doch warme und pulsierende Gehäuse einer Stadt oder zu den
> allgemein Menschlichen zurück führen, sondern nurmehr noch, wenn auch in
> den Wald und an den Fluß und zu den allgemein Menschlichen, in die Finsternis
> und nichts als in Finsternis, dann ist man verloren[287].

Wie die Klimax auf Übertreibung zurückgeht, so auch die reine Wiederholung (hier nun von ganzen Sätzen), die als musikalisches Strukturmittel einge-
setzt wird, „indem die lockere Motivrekurrenz mittleren und größeren tektoni-
schen Einheiten Kontinuität und Abgeschlossenheit verleiht"[288]. Im *Zimmerer*
wird der Satz „Ich bin ein dummer Mensch"[289] zweimal buchstabengetreu wiederholt, in *Wiedersehen* sechsmal *„Ich will meine Ruhe haben"*[290]. Insgesamt
lässt sich somit festhalten:

> Alle die hier aufgezählten Mittel werden fast ausschließlich zum Zweck der Ü-
> bertreibung eingesetzt. [...D]ie permanente Wiederholung [führt] zur Übertrei-
> bung, so daß Übertreibung zum Epiphänomen der Wiederholung wird. Ein
> zweiter Zusammenhang zwischen Wiederholung und Übertreibung ergibt sich
> daraus, daß die Übertreibung [...] als Versuch zu verstehen ist, die geistig-

[281] Thomas Bernhard: Das rote Licht, a.a.O., S. 459.
[282] Thomas Bernhard: Ein älterer Mann namens August, a.a.O., S. 506.
[283] Thomas Bernhard: Montaigne, a.a.O., S. 415.
[284] Thomas Bernhard: Midland in Stilfs, a.a.O., S. 112.
[285] Ebd., S. 136.
[286] Thomas Bernhard: Am Ortler, a.a.O., S. 168.
[287] Thomas Bernhard: Der Zimmerer, a.a.O., S. 94.
[288] Christian Klug: Thomas Bernhards Theaterstücke, a.a.O., S. 171.
[289] Thomas Bernhard: Der Zimmerer, a.a.O., S. 83.
[290] Thomas Bernhard: Wiedersehen, a.a.O., S. 426-438 und S. 445.

sprachliche Kreisbewegung sich eben nicht verengen und paralysieren zu lassen, sondern durch übertreibende Ausweitung geradezu in Gang zu halten[291].

Am Ende steht der sich immer weiter ausdehnende (und sein Inneres zerreißende) Kreis der Wiederholung – Steigerung – Übertreibung – Wiederholung, der einem „Sprachzyklon"[292] gleich jeglichen Sinn erfasst – und verschlingt: Es bleibt die schiere Bewegung, auch Rekurrenz, Merkmal der gesprochenen Sprache und Indiz dafür, dass sich Bernhards Schreibstil immer mehr jenem der Rede annähert, wenn auch einer Art „stilisierter Rede"[293], so dass gesagt werden kann: „[E]ntscheidend ist die Mündlichkeit"[294]. Unter Vorwegnahme der narratologischen Kategorie der *Distanz*, die nach dem Mimetischen eines Textes fragt, lässt sich festhalten: „[D]ie fast durchgängige Verwendung des Perfekts als Erzähltempus im *Stimmenimitator*"[295] zählt zur Mündlichkeit Bernhardscher Texte ebenso wie die topischen All-Sätze etwa in den Invektiven, die ihrerseits selbst zum Gesprochenen gehören:

> Es hatte nichts genutzt, daß er ihnen klarzumachen versucht hatte, daß Wien, die Hauptstadt, schon seit Jahrzehnten die rückständigste aller europäischen Universitätsstädte war; es gab nichts, das in Wien zu studieren zu empfehlen gewesen wäre; er mußte nach Wien, und er mußte, wollte er nicht um den niedrigsten aller mir bekannten Wechsel kommen, in Wien, der fürchterlichsten aller alten Städte Europas, bleiben[296].

Oder aber noch deutlicher, direkt mit „Alles" beginnend und in einer auf- und absteigenden Klimax:

> Alles, das die Menschen in diesem Land [Österreich] immer als schön und bewundernswert empfunden haben, war nur mehr noch häßlich und lächerlich, ja immer nur abstoßend und ich fand nicht einen einzigen Punkt in diesem Österreich, der überhaupt akzeptabel gewesen wäre[297].

Weitere Merkmale der gesprochenen Sprache finden sich in den frühen Binsenweisheiten wie „Niemand weiß alles"[298] und „Gewettet ist gewettet"[299], dazu in

[291] Oliver Jahraus: Die Wiederholung als werkonstitutives Prinzip im Œuvre Thomas Bernhards, a.a.O., S. 110.
[292] Wolfgang Meier: Die Abstraktion vor ihrem Hintergrund gesehen, a.a.O., S. 17.
[293] Vgl. Gérard Genette: Die Erzählung, a.a.O., S. 131.
[294] Wendelin Schmidt-Dengler: Vorwort. 1992. In: Sepp Dreissinger (Hg.): Von einer Katastrophe in die andere, a.a.O., S. 14.
[295] Karlheinz Rossbacher: Thomas Bernhard: *Das Kalkwerk* (1970), a.a.O., S. 379.
[296] Thomas Bernhard: Das Verbrechen eines Innsbrucker Kaufmannssohns, a.a.O., S. 72.
[297] Thomas Bernhard: In Flammen aufgegangen, a.a.O., S. 452.
[298] Thomas Bernhard: Der Untergang des Abendlandes, a.a.O., S. 497.
[299] Thomas Bernhard: Viktor Halbnarr, a.a.O., S. 374.

Redewendungen wie „kurz und gut"[300] sowie „schließlich und endlich"[301]. Mit zunehmender narrativer Komplexität bzw. Veränderung der Kommunikationssituation innerhalb der Texte, also ab der Bruchstelle, werden gesprochene oder geschriebene Worte dann auch direkt adressiert. Die Kombination „aber Sie haben mir ja befohlen"[302] zählt dazu ebenso wie „müßt ihr euch vorstellen"[303] und das schlichte „geehrter Herr"[304]. Auch wenn Bernhard zwischenzeitlich mit dem Fragment als angemessener Form der Rede-Wiedergabe experimentiert, dazu das Kürzel „usf."[305] sowie unvollständige, in drei Punkten auslaufende Sätze benutzt, wodurch eine „zusammenhanglose, redundante, übertreibende Erzählweise (alles Eigenschaften des mündlichen Erzählens)"[306] entsteht, so nimmt die Länge der Sätze im Laufe der Zeit doch zu[307]. Die mündlichen Züge der Sprache werden dadurch noch verstärkt[308], ja sie erhalten gar den fließenden Charakter der Musik, und das bedeutet das Überspülen oder Auslöschen des Sinns unter Verwendung sinnhafter Zeichen, oder kurz: die *auto-exaleipsis*.

II.3
Zur inneren Form: die Narratologie

„Der junge Mann versucht, einem alten Mann zu beweisen, daß er, *der junge Mann*, alleine ist"[309] – aus diesen einleitenden Satz entwickelt sich, so war bislang zu sehen, Wissenschaftskritik, Sprachkrise und Sinnleere. Ebenfalls schon aufgedeckt wurde darin eine grundlegende Paradoxie. Wenn diese Untersuchung nun zur Betrachtung von Bernhards Erzähltechnik übergeht, so schleicht sich hier gerade eine ebensolche Unentscheidbarkeit ein. Genette, auf dem das im Folgenden verwendete Instrumentarium fußt, setzt diese in folgende Worte:

---

[300] Thomas Bernhard: Eine Zeugenaussage, a.a.O., S. 357.
[301] Thomas Bernhard: Der Zimmerer, a.a.O., S. 77.
[302] Thomas Bernhard: Eine Zeugenaussage, a.a.O., S. 355.
[303] Thomas Bernhard: Viktor Halbnarr, a.a.O., S. 370.
[304] Thomas Bernhard: Am Ortler, a.a.O., S. 167.
[305] Dies geschieht ab Thomas Bernhard: Attaché an der französischen Botschaft, a.a.O., S. 57.
[306] Eugenio Bernardi: Bernhards Stimme, a.a.O., S. 37.
[307] Vgl. Anne Betten: Die Bedeutung der Ad-hoc-Komposita im Werk von Thomas Bernhard, anhand ausgewählter Beispiele aus „Holzfällen. Eine Erregung" und „Der Untergeher", a.a.O., S. 186.
[308] Diese Feststellung wird später noch von Bedeutung sein: Die zunehmende Mündlichkeit betrifft auch die *Frequenz* oder Geschwindigkeit des Erzählens als Indiz für das – nach Genette – zunehmend Szenische Bernhardschen Schreibens, aber auch im Zusammenhang mit Mimesis.
[309] Thomas Bernhard: Ereignisse, a.a.O., S. 212.

56

Ich muß also wohl oder übel eingestehen, daß ich auf der Suche nach dem Spe-
zifischen beim Universellen lande und daß ich bei dem Versuch, die Theorie in
den Dienst der Kritik zu stellen, ungewollte die Kritik in den Dienst der Theorie
stelle. Dieses Paradox betrifft jede Poetik, ja überhaupt jede Erkenntnistätigkeit,
die sich stets hin- und hergezogen sieht zwischen den zwei unumgänglichen
Gemeinplätzen, wonach es Gegenstände nur als singuläre gibt, Wissenschaft a-
ber nur vom Allgemeinen[310].

Doch trotz dieses Dilemmas der Verallgemeinerung auf Kosten der Einzelphä-
nomene soll eine narrative Beschreibung versucht werden,[311] denn: „[T]röstlich
und gleichsam stimulierend mag für sie [die Wissenschaft] [...] jene etwas weniger weit verbreitete Wahrheit sein, wonach das Allgemeine im Herzen des Sin-
gulären wohnt und folglich [...] das Erkennbare im Herzen des Mysteriums"[312].
   Wie jeder narrative Text ist auch *Ein junger Mann* sowohl „Geschichte"
als auch „Erzählung" und „Narration", wobei „Geschichte" den narrativen Inhalt
bezeichnet, „Erzählung" die Aussage, „Narration" indes den Produktionsakt sowie die reale oder fiktive Situation, in der dieser Akt vonstatten geht.[313] Diese
drei Kategorien stehen in bestimmten Verhältnissen zueinander, wodurch sich
drei Klassen ergeben: die „Zeit" als „die Probleme, die zu den temporalen Beziehungen zwischen Erzählung und Diegese gehören"[314], sowie der „Modus",
also die Probleme der „Weisen (Formen und Stufen) der narrativen ‚Darstellung'"[315]. Beide betreffen „Geschichte" und „Erzählung". Die Klasse der
„Stimme" umfasst indes alle Schwierigkeiten, „die die Art und Weise betreffen,
wie in der Erzählung oder dem narrativen Diskurs die Narration selber impliziert
ist [...], d.h. die narrative Situation oder Instanz und mit ihr ihre beiden Protagonisten: der Erzähler und sein realer oder virtueller Adressat"[316]. Sie spielt sich ab

---

[310] Gérard Genette: Die Erzählung, a.a.O., S. 12. Dies wird später noch verschärft zu Tage
treten, wenn es um die literaturgeschichtliche Einordnung in die Postmoderne gehen wird.
[311] Es geht hier ohnehin in erster Linie um Entwicklungstendenzen auf der Makroebene, dem
Werkkontext; der Fokus liegt daher je auf dem *verhältnismäßig Vorherrschenden* in den Texten.
[312] Gérard Genette: Die Erzählung, a.a.O., S. 12.
[313] Diese Einteilung soll lediglich der Vollständigkeit wegen erwähnt sein. Daher kann über
folgenden Einwand hinweggesehen werden: „Für den besonderen Fall des fiktionalen Erzählens ist Genettes Dreiteilung in Form eines gleichberechtigten Nebeneinanders von
‚Geschichte', ‚Erzählung' und ‚Narration' jedoch nicht befriedigend. Berücksichtigt man, daß
die ‚Narration' in fiktionaler Rede nicht mehr als die text- und fiktions*interne* pragmatische
Dimension der ‚Erzählung' umfasst (die Dimension der ‚Stimme', d.h. die zeitliche und
räumliche Position des fiktiven Erzählers gegenüber seiner Geschichte und seines fiktiven
Adressaten), erscheint es naheliegender, Genettes Dreiteilung als Anregung für eine
Binnendifferenzierung zu nehmen, welche die Seite der Darstellung betrifft" (Matias
Martinez, Michael Scheffel: Einführung in die Erzähltheorie. 2. Auflage. München 2000, S.
24).Gérard Genette: Die Erzählung, a.a.O., S. 19.
[315] Ebd.
[316] Ebd.

auf der Ebene von „Narration" und „Erzählung" sowie auf der von „Narration" und „Geschichte". Diese drei Klassen werden nun in sich weiter aufgeschlüsselt und jeweils auf das Textkorpus angesetzt.

II.3.A
Zur ersten narrativen Klasse: die Zeit

In Bezug auf die „Zeit" lassen sich drei größere Phänomene innerhalb von „Geschichte" in Relation zur „Erzählung" ausmachen: zeitliche Einschübe, Verzerrungen und Verdichtungen. Die Einschübe betreffen die temporale *Ordnung*. Hier gilt es, die „Anachronien" und „Achronien" in Bernhards Werk festzustellen; das bedeutet im Einzelnen, „die Anordnung der Ereignisse oder zeitlichen Segmente im narrativen Diskurs mit der Abfolge derselben Ereignisse oder zeitlichen Segmente in der Geschichte zu vergleichen"[317]. Dabei sind zwei Abweichungen möglich: Die „Prolepse" bezeichnet „jedes narrative Manöver, das darin besteht, ein späteres Ereignis im voraus zu erzählen oder zu evozieren"[318], die „Analepse" benennt „jede nachträgliche Erwähnung eines Ereignisses, das innerhalb der Geschichte zu einem früheren Zeitpunkt stattgefunden hat als dem, den die Erzählung bereits erreicht hat"[319].

Diese Analepsen treten bei Bernhard immer wieder in Erscheinung. Schon die Basiserzählung in *Das rote Licht* blendet nach der Ankündigung, „[d]as gibt nun heute einmal eine unheimliche Geschichte"[320], in die Vergangenheit: „Es war vor vierunddreißig Jahren, im letzten Wintermonat 1916"[321]. Diese Rückblende lässt sich nun noch näher fassen, nimmt man die Reichweite und den Umfang hinzu: Extern ist die Analepse hier, da sie der Basiserzählung äußerlich bleibt, partiell, da sie nicht bis zum Zeitpunkt der Basiserzählung heranreicht, sondern in einer Ellipse – den 34 Jahren – endet. Besteht hier beinahe der gesamte Text aus dieser einen externen, partiellen Analepse, so sind das andernorts einzelne Sätze: In *Das Vermächtnis* erinnert sich Rose an einen vergangenen Zeitpunkt: „Frühling war es gewesen, da ging sie [Therese] noch über die aufgehenden Wiesen, wanderte gebückt daher, den Kopf ein wenig zur Seite gelegt"[322]. In *Das Armenhaus von St. Laurin* taucht erstmals ein analeptischer Halbsatz auf: „Vor ein paar Jahren hatte man hier auch einmal ein Spinnrad surren gehört"[323], der später auf ein einziges Wort reduziert wird, das einen ganzen

---

[317] Ebd., S. 22.
[318] Ebd., S. 25.
[319] Ebd.
[320] Thomas Bernhard: Das rote Licht, a.a.O., S. 457.
[321] Ebd.
[322] Thomas Bernhard: Das Vermächtnis, a.a.O., S. 475.
[323] Thomas Bernhard: Das Armenhaus von St. Laurin, a.a.O., S. 479.

Text als Rückblick ausweist: „[d]amals"[324]. Eine erste ebenfalls externe, aber
komplette Analepse bietet *Der Schweinehüter*, sofort kenntlich durch den Tem-
puswechsel. Korn setzt sich auf den Boden und denkt an seine Kindheit, die er
dann bis in die Gegenwart hinein summarisch verfolgt:

> Es ist April, aber Korn setzt sich ins Gras, das kaum fingerhoch ist und bohrt
> seine Stiefel in die nasse, lehmige Erde. Früher war er einmal in dieser Gegend
> ein Kind, dann ein Bub, dann ein Bursche, der Fasanen den Kragen umdrehte,
> und eines Tages war er aufgewacht, und sie hatten ihn angeschaut wie einen
> richtigen Mann. Und er weiß genau, wann er zum richtigen Mann geworden ist.
> Das war an jenem Abend, an dem er von einer Hochzeit nach Hause gegangen
> war. Es war drüben im Heustadel. Aber der ist verlassen heute [...]. Korn kann
> nicht mehr länger zu der Holzhütte hinüberschauen[325].

Anders verhält es sich mit dem Text *Der Professor*: Hier taucht eine Analepse
auf, die intern und heterodiegetisch ist, also innerhalb des berichteten Erzählzeit-
raumes liegt, doch ohne sich mit dem Handlungsstrang der Basiserzählung zu
überschneiden: Nachdem schon die Entlassung des Professors aus der Anstalt
genannt wurde, blendet der Text zurück auf das Verhalten desselben *in* der Anstalt. Danach knüpft die Basiserzählung wieder an die Entlassung an und führt
die Geschichte an ihr Ende, dem Tod der Figur.

Analepsen finden sich über das gesamte Textkorpus verstreut und immer
wieder von rein linearem Erzählen abgewechselt; lediglich die Häufigkeit der
Rückschau innerhalb eines Textes nimmt zu – offenbar in Abhängigkeit zum
jeweiligen Textumfang. Charakteristischer für die Evolution der zeitlichen Ordnung sind daher (externe) Prolepsen und Syllepsen: Erstere prägen das Frühwerk
Bernhards, genauer die *Ereignisse*, und erscheinen danach nicht wieder in den
Texten. Meist handelt es sich um Zukunftsvorstellungen und Träume der Figuren, so in *Das Mädchen*:

> Aber zu gegebenem Zeitpunkt wird er sich vorstellen, denkt er, und eine Unter-
> haltung mit dem Mädchen herbeiführen. Er wird von seinen Reisen erzählen,
> und der Kontakt ist auf solche Weise bald hergestellt. Er wird von der Welt, in
> der er lebt, berichten[326].

Selbiges gilt, wenn auch nicht im Futur, für einen Abschnitt aus *Der Vierzigjährige*:

> Er stellt sich vor, daß seine Frau das Essen auf den Tisch stellt und daß sie die
> Kinder zu Bett bringt. Er sieht plötzlich, wie seine Frau die Bluse auszieht und

[324] Thomas Bernhard: Großer, unbegreiflicher Hunger, a.a.O., S. 483.
[325] Thomas Bernhard: Der Schweinehüter, a.a.O., S. 524.
[326] Thomas Bernhard: Ereignisse, a.a.O., S. 196.

sie über die Sessellehne legt. Sie nimmt vom Herd eine Schale Kaffee, bröckelt Weißbrot hinein und löffelt sie aus[327].

Der Viehtreiber indes stellt sich vor, „der Reichste der Provinz"[328] zu sein, und die Trafikantin denkt daran, wie ein jetzt noch verlassener Platz in Minuten ü-berfüllt sein wird: „Die Jüngeren werden die Ersten sein, die Alten die Letz-ten"[329]. Einen zukunftsgerichteten Traum beinhaltet der Text *Der Kassier*:

> Eines Abends, als er sie nahe am Straßenrand vor sich herschiebt, dreht er den Wagen herum und kippt ihn in den Abgrund. Sie kann nicht schreien. Der Me-tallwagen zersplittert. Diesen Vorgang träumt er. Aber er wird so etwas mit ihr machen, denkt er[330].

Und auch der Text *Ein Wolkenbruch* besteht größtenteils aus einem die Wirk-lichkeit (scheinbar) vorwegnehmenden Traum um ein verschüttetes Bahnwärter-ehepaar[331]. An der Bruchstelle jedoch wandelt sich die Ordnung schlagartig um: *Ein Frühling* wird beherrscht von einer sylleptischen Struktur, die den „ana-chronistischen Gruppierungen [zugehört], die irgendeiner räumlichen, themati-schen oder sonstigen Verwandtschaft gehorchen"[332]. In diesem Text lässt sich keine Handlung mehr ausmachen, vielmehr handelt es sich hier um den Be-wusstseinsstrom einer Figur, die sich assoziativ durch die Denk-Zeit hangelt. Leitthema scheint dabei der Zerfall zu sein: „wie Mauern wie Menschen zerfal-len", „wie die Ideen zerreißen" und „die Wörter zerbröckeln"[333]. Von Gedanke zu Gedanke schwingt sich auch das Bewusstsein in *Eine Zeugenaussage*. Statio-nen sind hierbei Zugfahrt, Aufzeichnungen, Notizen, Voraussetzungen für diese, dann die Finsternis, während die Figur realiter stumm in einem Polizeiverhör sitzt. Die Syllepse hängt übrigens eng mit den Reizwörtern zusammen, wie sie weiter oben beschrieben wurden: Auch dort dient ja ein Wort (oder Satz) als Grundlage für fortwährendes Assoziieren (oder Neuanordnen). Deutlich machen dies vor allem die Texte *Beruhigung* (wo der Komplex Gehen und Denken im-mer wieder reflektiert wird), *Als Verwalter im Asyl* (hier ist der „Aufhänger" ein Zeitungsartikel) sowie *Ebene* (mit seinen Klimax-Reihen). Generell aber lässt sich festhalten, dass mit dem Aufscheinen von Reizwörtern immer auch syllepti-sche, also Ordnungsmechanismen in Kraft treten, die thematisch-assoziatives, aber auch musikalisches Gepräge haben können. So leuchtet ein, dass sich die Bernhardsche Musikalität mit der Syllepse in Verbindung bringen lässt. Was Genette dazu über Marcel Proust schreibt, passt daher ebenso zu Bernhard:

[327] Ebd., S. 197.
[328] Ebd., S. 219.
[329] Ebd., S. 220.
[330] Ebd., S. 198.
[331] Vgl. ebd., S. 230.
[332] Gérard Genette: Die Erzählung, a.a.O., S. 58.
[333] Alle Thomas Bernhard: Ein Frühling, a.a.O., S. 353.

> [Es] läßt sich doch nicht leugnen, daß bei Proust [...] ein stummer, vielleicht
> kaum bewußter Wille dahintersteht, die Formen der narrativen Zeitlichkeit von
> ihrer dramatischen Funktion zu befreien, für sich allein spielen zu lassen und sie
> [...] *in Musik zu setzen*[334].

Wiederum tritt Sinn in den Hintergrund oder hinter das musikalisch-ästhetische
Ganze zurück.

Neben derlei zeitlichen Einschüben beziehen sich die zeitlichen Verzerrungen eines Textes auf seine *Dauer*, vielleicht die problematischste Kategorie
bei Genette: Das Feststellen von narrativen Tempi (Ellipse, deskriptive Pause,
Szene und Summary) erscheint recht subjektiv, geht es doch darum zu entscheiden, ob die Erzählzeit mit der erzählten Zeit in etwa übereinstimmt, diese größer
oder kleiner ist als jene, oder diese oder jene gar stillsteht. Ellipsen als stillste-
hende Erzählung bei weiterlaufendem Geschehen sind dabei noch am leichtesten
auszumachen, so die schon erwähnte 34-jährige Pause in *Das rote Licht*, aber
auch im Text *Attaché an der französischen Botschaft*, der Tagebuchform hat.
Während dort Einträge zum 21., 23. und 25. September vorhanden sind, bleiben
die Tage dazwischen ausgeblendet: klare zeitlich bestimmte und implizite, also
den verflossenen Zeitraum (im Fließtext) nicht direkt benennende Ellipsen. E-
benso deutlich ist die Auslassung in *An der Baumgrenze*. Das wesentliche Geschehen vollzieht sich zwischen dem 11. und 14. eines unbekannten Monats.
Am Textende indes findet sich der Nachsatz: „Gestern, den achtundzwanzigsten,
fanden ihn [den abgängigen Alois Wölser] überraschend zwei Holzzieher knapp
unterhalb der Baumgrenze über Mühlbach erfroren"[335]. Zwischen dem 14. und
28. steht ganz offensichtlich eine zeitlich bestimmte und explizite Ellipse; der
ausgelassene Zeitraum wird also später angegeben. Schwieriger wird es schon,
deskriptive Pausen zu bezeichnen. Am deutlichsten scheint das Geschehen in
den Texten *Das Armenhaus von St. Laurin* und *Die Landschaft der Mutter* still-
zustehen, während die Erzählung weitergeht: Hier finden sich nämlich kaum
Handlungselemente. Andere Texte des Frühwerkes beinhalten weitere Beschreibungen. In *Großer, unbegreiflicher Hunger* heißt es etwa: „Ich möchte erleben
den Sonnenaufgang und den Sonnenuntergang, den freien Himmel über dem
grünen Land, das immer mit dem Fluß im Westen endet"[336], in *Wintertag im
Hochgebirge* indes: „Jetzt ist klarer Himmel über den Bergen. Jetzt siehst du den
gewaltigen Fels, wandert dein Blick über einen Hügel, auf dem Lärchen wach-
sen, von denen einst ein Goldregen fiel"[337], und in *Von einem, der auszog die
Welt zu sehen*:

[334] Gérard Genette: Die Erzählung, a.a.O., S. 110.
[335] Thomas Bernhard: An der Baumgrenze, a.a.O., S. 107.
[336] Thomas Bernhard: Großer, unbegreiflicher Hunger, a.a.O., S. 484.
[337] Thomas Bernhard: Wintertag im Hochgebirge, a.a.O., S. 491.

Der Mensch muß hinunterblicken, um ein richtiger Mensch sein zu können. Das wirre Dachwerk, die Türme, der Rauch, der aus den roten und grauen Kaminen stieg, die Bahn, die die blauen Gase in die Nachmittagsluft hineinpuffte, die Gärten und die Schlote der fernen Zellulosefabrik, das alles war angesaugt und jeder Mensch, Tier und Baum, Blume und Himmel hatten längst in dem Jungen Gestalt angenommen[338].

Derartige (Landschafts-)Beschreibungen finden sich im späteren Werk immer seltener, ganz gemäß der Worte Bernhards: „Eine oberflächliche Geschichte oder Beschreibung interessiert mich auch gar nicht"[339]. Im Spätwerk herrschen nun ganz andere Tempi vor: das Summary und vor allem die Szene (die verstanden als Redewiedergabe allerdings das Handlungs-Verneinende mit der deskriptiven Pause gemein hat). Doch ist gerade die Unterscheidung dieser beiden Kategorien schwierig. Als Beispiel dieser Unsicherheit mag der Text *Ein Wolkenbruch* dienen. Wie schon gesagt, macht die Wiedergabe eines Traumes den Großteil des Erzählten aus. Dieser Traum nun kann natürlich als deskriptive Pause verstanden werden, da das Geschehen realiter stillsteht (die Figur schläft); er kann aber auch als Summary gelten, denn es wird im Text kaum anderes dargestellt als der geraffte Inhalt eines Traumes; ihn zur Szene machen könnte aber die Überlegung, der Traum bestehe aus Worten, sei also mit einem Monolog vergleichbar. Bei diesen Schwierigkeiten kann vielleicht eine andere Beobachtung helfen, wenn dabei auch verschiedene Kategorien wieder in Verbindung zueinander gebracht werden müssen: Die einzelnen Tempi, *zeitliche* Kriterien, lassen sich vielleicht anhand ihrer Mimesis-Ausprägung, einem *modalen* Kriterium, sowie anhand der bipolaren Unterscheidung von „Erzählung von Ereignissen" und „Erzählung von Worten" für die Analyse auf Makroebene besser fassen. Diese Trennung bezieht sich vor allem auf das Summary (sowie die deskriptive Pause und die Ellipse) einerseits und andererseits auf die Szene, die „meist in Form eines Dialogs"[340] steht. Nimmt man also den Anteil der erzählten Worte und jenen der erzählten Ereignisse zusammen, fällt auf, dass Bernhards Texte anfangs stark summarischen Charakter haben, später allerdings immer szenischer werden: Immer häufiger wird in den Texten Gesprochenes zitiert, wobei es hier wieder (und vorausgreifend) um Aussagen zur *Distanz* geht, um ein Element des „Modus'" also. Im Frühwerk schöpft Bernhard dabei aus allen Quellen möglicher Redewiedergabe: Narrativisierte Rede, „offensichtlich die distanzierteste und [...] im allgemeinen auch die am stärksten reduzierte Form"[341], steht neben transponierter Rede (indirekte, erlebte Rede) und berichte-

---

[338] Thomas Bernhard: Von einem, der auszog die Welt zu sehen, In: Ders.: Werke, Bd. 14, a.a.O., S. 513.
[339] Victor Suchy: Die Vergangenheit ist unerforscht, a.a.O., S. 27.
[340] Gérard Genette: Die Erzählung, a.a.O., S. 67.
[341] Ebd., S. 122.

ter Rede (direkte Rede, innerer Monolog).[342] Ein gutes Beispiel dafür ist *Der Schweinehüter*. Der Schrei: „Heiliger allmächtiger Vater!"[343] wird in direkter Rede, die Worte „Hundertvierzig Kilogramm!"[344] als innerer Monolog wiedergegeben. Eine Form der transponierten Rede findet sich einige Seiten weiter als erlebte Rede: „Ja, wenn sie Schweinefleisch gebraten hätte, dann würde er viel lieber essen"[345]. Als erzählte Rede gibt sich der Satz: „Er ruft ihren Namen"[346]. Indirekte Rede indes findet sich erstaunlicherweise in diesem Text nicht, ist sie doch zuvor schon in *Die Siedler* stark ausgeprägt:

> Als sie nach der ersten, unter eigenem Dach verbrachten Nacht aufwachten, stand der Förster vor der Tür und fragte, von wem sie die Bewilligung erhalten hätten, hier zu bauen. Lange habe er die Sache beobachtet, nun sei endlich Gelegenheit, die „Hausherren" zu sprechen[347].

Dies gewinnt ab den *Ereignissen* zunehmend an Gewicht, besonders etwa in *Goethe schtirbt*: „Er, Kräuter, so Riemer, habe Wittgenstein nurmehr noch aufgebahrt gesehen. [...] In der Umgebung von Wittgenstein, so habe Kräuter berichtet, habe niemand etwas von Goethe gewußt. So sei Kräuter deprimiert wieder abgereist"[348]. Neben Zunahme konjunktivischer Redewiedergabe reduziert sich das breite Spektrum noch auf die direkte Rede, in ihrer extremsten Form im Text *Ein Frühling*, der sich als reiner Bewusstseinsstrom lesen lässt. Beide Präsentationsformen verdrängen in der Folge das Erzählte immer mehr. Wie schon oben (auch anhand der inquit-Formeln) gezeigt wurde, nimmt damit die Mündlichkeit der Texte insgesamt zu; die eigentliche Handlung schrumpft zusammen auf wenige Anmerkungen etwa über Ortsveränderungen bei einem Spaziergang: „Wir schauten jetzt beide auf den Platz vor der Brauerei hinunter"[349]; in *Wiedersehen* steht derartiges schließlich nicht mehr, denn hier spricht nurmehr eine Figur, während die andere abschließend lediglich mit einem einzigen Satz zitiert wird: „Nein, sagte er, und darauf mit ganz ruhiger und sehr schwacher Stimme: *ich erinnere mich an gar nichts*"[350]. Anders ausgedrückt: Die Handlung wird ausgelöscht über das immer permanentere Figuren-„Gerede"[351]. Damit gewinnt die Szene (in erster Instanz) die Oberhand über das Summary. Weitere Beispiele

---

[342] Gemäß der Feststellung vom Einfluss Mauthners auf Bernhards Werk werden Gedanken hier als Sprache verstanden; das Gedankenzitat zählt so zur direkten Rede.
[343] Thomas Bernhard: Der Schweinehüter, a.a.O., S. 516.
[344] Ebd., S. 517.
[345] Ebd., S. 521.
[346] Ebd., S. 535.
[347] Thomas Bernhard: Die Siedler, a.a.O., S. 461.
[348] Thomas Bernhard: Goethe schtirbt, a.a.O., S. 409.
[349] Thomas Bernhard: Zwei Erzieher, a.a.O., S. 16.
[350] Thomas Bernhard: Wiedersehen, a.a.O., S. 447.
[351] Christian Klug: Thomas Bernhards Theaterstücke, a.a.O., S. 209.

hierfür sind *Eine Zeugenaussage, Beruhigung, Als Verwalter im Asyl, Ebene, Wiedersehen* sowie *In Flammen aufgegangen*.
    Neben diesen Aspekten der *Dauer* betreffen die zeitlichen Verdichtungen schließlich die *Frequenz*. Vier Möglichkeiten unterscheidet Genette hierbei: „Sehr schematisch läßt sich sagen, daß eine Erzählung *einmal* erzählen kann, was sich *einmal* zugetragen hat, *n-mal*, was sich *n-mal* zugetragen hat, *n-mal*, was sich einmal zugetragen hat, einmal, was sich *n-mal* zugetragen hat"[352]. Auch hier überschneiden sich die Ergebnisse mit der vorangegangenen Analyse des Bernhardschen Sprachstils, geht es doch generell immer mehr um „Wiederholungsbeziehungen"[353], und die Wiederholung wurde schon eingehend betrachtet. An die bisherigen Ergebnisse dazu anknüpfend lässt sich festhalten, dass sich das einmalige Erzählen einer Begebenheit und das einmalige Nennen mehrerer Begebenheiten allmählich wandelt in ein mehrmaliges Wiederholen einmaliger Gedanken, Sätze oder bloßer (Reiz-)Wörter. Im erstveröffentlichten Text wird die einmalige Verschüttung einer Kompanie (1x 1x) erzählt, wobei es zusammenfassend (1x nx) heißt: „Täglich übten nun die Soldaten mit ihrem Skilehrer"[354]. Doch beschränken sich derartige zusammenfassende Anmerkungen meist auf ein Detail, während die restliche Geschichte im Wesentlichen dem Muster 1x 1x folgt. Das ändert sich erst ab der Bruchstelle: Hier tauchen die ersten Redundanzen auf, etwa in Form des Reizwortes „Mißverständnisse" in *Eine Zeugenaussage*, und ab hier beginnt das Spiel mit der Wiederholung: Die Texte werden zu repetitiven Erzählungen[355], Ausdruck eines generellen Jonglierens mit den zeitlichen Verhältnissen in den Texten sowie Erzeugnisse einer sich steigernden, handlungsauflösenden „Trunkenheit der Iteration"[356]. Damit scheint sich diese Technik gegen die Linearität und Zeitlichkeit der Schriftzeichen aufzulehnen, ja diese gar auslöschen zu wollen.

II.3.B
Zur zweiten narrativen Klasse: der Modus

    Die Untersuchung geht nun über zum „Modus" eines Textes. „‚Distanz' und ‚Perspektive', [...] sind [hierbei] die beiden wesentlichen Weisen jener *Re-*

[352] Gérard Genette: Die Erzählung, a.a.O., S. 81f.
[353] Ebd., S. 81.
[354] Thomas Bernhard: Das rote Licht, a.a.O., S. 457. Neben dieser Zeitangabe „täglich" lassen sich weitere mit derselben raffenden Funktion aufspüren: „Jedes Jahr am Heiligen Abend" (Thomas Bernhard: Von sieben Tannen und vom Schnee, a.a.O., S. 466), „in den abertausend Nächten der Großstadt" (Thomas Bernhard: Die Landschaft der Mutter, a.a.O., S. 500), „wenn es Sommer war [...] und im Winter" (Thomas Bernhard: Von einem, der auszog die Welt zu sehen, a.a.O., S. 511) und „seit zwölf Jahren" (Thomas Bernhard: Ereignisse, a.a.O., S. 197).
[355] Vgl. Gérard Genette: Die Erzählung, a.a.O., S. 82.
[356] Ebd., S. 88.

gulierung der narrativen Information"[357]. Die Entfernung zum Erzählten wurde schon beschrieben; es ging dabei um die immer mimetischere Wiedergabe in den Texten Bernhards, um den Wandel von der „Erzählung von Ereignissen" zu jener „von Worten", wobei die Mimesis als Abbild der Welt „weniger eine Nachahmung außerdichterischer Vorgänge [ist] als vielmehr ein Demonstrieren ihrer künstlerischen Unreproduzierbarkeit"[358], dem Scheitern jedes derartigen Unterfangens. Die *Perspektive* nun bezeichnet die Sicht der oder den Blickwinkel auf die Geschichte, wie sie die beteiligten Figuren haben bzw. einnehmen können. Genette bietet drei verschiedene Fokalisierungstypen an: Nullfokalisierung, interne Fokalisierung – fixiert: eine Figur sieht; variabel: mehrere sehen; multipel: mehrere sehen verschieden – sowie externe Fokalisierung. Erstere bedeutet, dass der Erzähler mehr sagt, als irgendeine Figur wissen kann, die zweite, dass der Erzähler genauso viel sagt, und die dritte schließlich, dass er weniger sagt. Damit beginnen noch einmal die Schwierigkeiten mit der Genetteschen Narratologie: Er beharrt zwar auf der strikten Trennung von „Wer spricht?"[359] und „Wer sieht?", von Erzähler und Figuren also, was Rimmon-Kenan zurecht als Vorteil hervorhebt: „Genette's treatment [of focalization] has the great advantage of dispelling the confusion between perspective and narration which often occurs when ‚point of view' or similar terms are used"[360]. Doch auch sie muss eingestehen, dass die Trias nicht wirklich „rein" ist:

> Genette's classification is based on two different criteria: while the distinction of non-focalized and internally focalized refers to the position of the perceiver (the focalizer), that between internally focalized and externally focalized refers to the perceived object (the focalized)[361].

Dass bei der Fokalisierungskategorie etwas vermischt wird, ist unstrittig. Doch scheinen nicht so sehr Fokalisierender und Fokalisiertes miteinander in Konflikt zu geraten, sondern die Fokalisierungen genau vom Verhältnis von Erzähler und Figur(en) abhängig zu sein. Nicht von ungefähr reduziert Genette die Sichtweisen auf die Formeln E>F, E=F und E<F. Damit werden aber auch die Kriterien des Erzählverhaltens (auktorial, aktorial, neutral) mit jenen des *point of view* verbunden (Innen-, Außensicht), wenn nicht gar vermischt. So ist nicht ganz deutlich, was die einzelnen Fokalisierungstypen nun tatsächlich beinhalten. Die vorliegende Untersuchung trifft die Unterscheidung wie folgt:

[357] Ebd., S. 115.
[358] Sahbi Thabti: Die Paraphrase der Totalität. Zum Verhältnis von Denken und Sprechen in Thomas Bernhards *In der Höhe*. In: Wirkendes Wort 2 (1994), S. 305.
[359] Diese Frage nach dem Erzähler muss gerade in Bezug auf Bernhard erweitert werden zu „Wer spricht den gesamten Text?" (so auch im Folgenden zu verstehen), denn viele Figuren im Textkorpus tauchen nicht anders auf als reine Sprecher von Worten, ohne jedoch sofort zu Erzählern einer Geschichte zu werden.
[360] Shlomith Rimmon-Kenan: Narrative Fiction, a.a.O., S. 72.
[361] Ebd., S. 156.

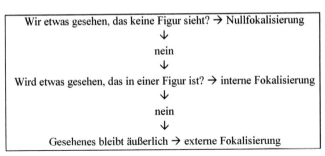

Abb. 3: Fokalisierungstypen

Selbstverständlich liegt nur selten ein starrer Fokus vor, der andere Blickwinkel kategorisch ausschlösse; und die Typen lassen sich nicht derart hierarchisch schichten, wie es das Schaubild suggerieren könnte. Doch werden makroskopische Entwicklungen durch diese „Entscheidungshilfe" leichter aufzuspüren sein. Im Folgenden werden außerdem wieder lediglich die *jeweils vorherrschenden* Fokalisierungen benannt (Sonderfall: bewusste Aufsplittung in verschiedene Typen).

Interessanterweise erscheint die Nullfokalisierung nur äußerst selten im Textkorpus: Selten wird etwas gesagt, das über das Wissen irgendeiner der Figuren hinausginge. Eines der raren Beispiel ist *Zwei junge Leute*, wo der Kommentar „es ist wichtig, festzuhalten, daß das Mädchen, obwohl es acht oder zehn Treppen hinter dem jungen Mann, ihrem Liebhaber, emporsteigt, in Wahrheit ihm um fünfzehn oder zwanzig Treppenlängen voraus ist"[362] über bloße Einsicht hinausgeht. An anderer Stelle ist der Fokus zunächst intern: „Am liebsten würden sie [die Kinder] nur das junge, in bunten Kleidern gehüllte Paar sehen"[363], um sich dann zum unfokalisierten zu wandeln, indem das Gesagte den Horizont der Kinder übersteigt und einem Erzähler-Kommentar gleichkommt: „aber dann wäre das Spiel kein richtiges Spiel und schon nach kurzer Zeit langweilig; denn zu einem Märchenspiel gehört seit jeher eine bösartige, undurchschaubare Gestalt"[364]. Die Seltenheit dieser Fokalisierung mag auch daran liegen, dass sie offenbar – aller Genetteschen Trennungsversuche von „Modus" und „Stimme" zum Trotz – einen extradiegetisch-heterodiegetischen Erzähler voraussetzt (wie in diesen Fällen), der bei Bernhard ebenfalls nur selten zum Einsatz kommt. Charakteristisch für das ganze Werk sind vielmehr externe und interne Fokalisierung. Erstere findet sich schon in *Die Siedler*, wo nie von inneren Vorgängen berichtet wird, ebenso in *Das Armenhaus von St. Laurin* und in *Von einem, der*

---

[362] Thomas Bernhard: Ereignisse, a.a.O., S. 195.
[363] Ebd., S. 202.
[364] Ebd.

auszog die Welt zu sehen. Auch in den *Ereignissen* herrscht externe Sicht, während die Stücke des *Stimmenimitators* nahezu ausschließlich extern fokusiert sind als Wiedergabe von Zeitungsartikeln sowie gesprochener Rede etwa vor Gericht und insgesamt als „Problematisierung narrativer Vermittlung von Authentizität und Wahrheit"[365]. Obwohl der Text *Der Untergang des Abendlandes* einen Ich-Erzähler besitzt, der seine Gedanken mitteilt, herrscht doch eine externe Sicht auf den Pfarrer Zephyrin Kiderlen vor. Ähnlich verhält es sich in den frühen Texten *Ein älterer Mann namens August* und *Die verrückte Magdalena.* Daneben wird von Beginn an auch intern fokusiert. *Das rote Licht* setzt sich zusammen aus den Einsichten in die Gedanken verschiedener Figuren; das Geschehen wird also insgesamt variabel intern gesehen. Dasselbe gilt für *Das Vermächtnis* sowie für *Wintertag im Hochgebirge. Von einem Nachmittag in einer großen Stadt* indes gibt die Gedanken einer einzelnen Figur wieder und ist somit fixiert intern fokalisiert – wie auch *Von sieben Tannen und vom Schnee, Großer, unbegreiflicher Hunger, Die Landschaft der Mutter, Der Schweinehüter* und alle verbleibenden Texte der *Ereignisse.* Fixierte innere Sicht existiert auch in jenen Erzählungen, in denen die Wir-Form vorherrscht (*Ein ländlicher Betrüger, Midland in Stilfs, Ebene*). Ab der Bruchstelle lässt sich nun aber etwas Verblüffendes feststellen: Anders als noch in *Der Anstreicher,* wo eine externe Fokalisierung die interne ablöst, nachdem die Titelfigur zu Tode gestürzt ist:

> Ein lächerlicher Mensch! Ein entsetzlich lächerlicher Mensch! Jetzt ist ihm, als stürze er in diese Überlegung hinein, tief hinein und hinunter, in Sekundenschnelle, [– Fokalisierungsbruch –] und man hört Aufschreie, und als der junge Mann unten aufgeplatzt ist, stürzen die Leute auseinander[366],

spalten sich die Foki in einer Art *splitting* (jedoch meist nicht auch automatisch die narrativen Ebenen!) auf in sowohl extern als auch intern, zwischen denen zugleich rasch hin- und hergesprungen wird. Eine derartige Simulation von Gleichzeitigkeit, die übrigens der Oszillation von Bedeutungen auf Sprachebene verwandt ist, lässt sich schon in *Der Italiener* nachweisen, wo innere Prozesse ebenso zur Darstellung gelangen wie das (externe) Registrieren der Worte und Handlungen der Titelfigur. Diese Spaltung scheint wiederum mit der zunehmenden Mündlichkeit und der direkten oder indirekten Wiedergabe von Worten im Korpus zusammenzuhängen: Immer häufiger reflektiert ein „Ich" über etwas bei gleichzeitig sich vollziehendem Aussprechen einer zweiten Figur, die von ersterer beobachtet und zitiert wird. Dazu zählt – neben der Ausnahme im Frühwerk (*Die verrückte Magdalena,* wo ein Maler große Redeanteile hat) – der Text *Attaché an der französischen Botschaft,* wo der Neffe seine Gedanken und die

---

[365] Franz M. Eybl: Thomas Bernhards „Stimmenimitator" als Resonanz eigener und fremder Rede. In: Kontinent Bernhard. Zur Thomas-Bernhard-Rezeption in Europa. Hrsg. v. Wolfram Bayer unter Mitarbeit von Claude Porcell. Wien, Köln und Weimar 1995, S. 40.
[366] Thomas Bernhard: Ereignisse, a.a.O., S. 207.

Worte seines Onkels aufschreibt; dazu zählen aber auch besonders *Der Zimmerer* (Anwalt/Schwester des Zimmerers bzw. Zimmerer selbst), *Viktor Halbnarr* (Arzt/Halbnarr), *Zwei Erzieher* (Erzieher 1/Erzieher 2), *An der Baumgrenze* (Polizist/Geschwisterpaar bzw. Vorgesetzter bzw. Verlobte), *Das Verbrechen eines Innsbrucker Kaufmannssohns* (Student/Georg), *Ist es eine Komödie? Ist es eine Tragödie?* (Studienschreiber/Mann), *Ein ländlicher Betrüger* (Flüchtlinge/Betrüger und Opfer), *Midland in Stilfs* (Stilfsbewohner/Midland), *Am Ortler* (Bruder 1/Bruder 2 bzw. Agent) sowie *Der Wetterfleck* (Enderer/Humer). Wie schon anhand des Zitierspiels gesagt wurde, dient auch das Verfahren der Aufsplittung der Perspektive dazu, die festen Sichtweisen aufzuweichen, zu zersplittern oder im immer schnelleren Wechsel der Worte durch diese Worte auszulöschen und so eine gewisse Irritation zu stiften.

II.3.C
Zur dritten narrativen Klasse: die Stimme

Da die beiden Elemente „Wer sieht?" und „Wer spricht?" miteinander zusammenzuhängen scheinen, lässt sich nun vermuten, dass auch bei Betrachtung der „Stimme" hinsichtlich des Auftrennens gewisse Parallelen bestehen. Diese narrative Instanz, die „Stimme" gilt es

> nun also noch zu betrachten, und zwar im Hinblick auf die Spuren, die sie in dem narrativen Diskurs, den sie angeblich hervorgebracht hat, (angeblich) hinterlassen hat. Doch es versteht sich von selbst, daß diese Instanz im Verlauf ein und desselben narrativen Werks nicht identisch und invariabel bleibt[367].

Dazu gehören drei Kategorien: Zum einen die *Zeit der Narration* als eine Bestimmung der zeitlichen Position des Erzählers im Verhältnis zu seiner Geschichte. Dann die narrativen Ebenen, denn „*[j]edes Ereignis, von dem in einer Erzählung erzählt wird, liegt auf der nächsthöheren diegetischen Ebene zu der, auf der der hervorbringende narrative Akt dieser Erzählung angesiedelt ist*"[368]. Die dritte Kategorie betrifft die *Person*, „worunter die Beziehungen des Erzählers – und eventuell seines (oder seiner) narrativen Adressaten – zu der von ihm erzählten Geschichte fallen"[369].
    Eine Narration kann zeitlich auf die erzählten Ereignisse der Basiserzählung[370] folgen oder diesen vorangehen, diese begleiten oder dazwischen einge-

---

[367] Gérard Genette: Die Erzählung, a.a.O., S. 152.
[368] Ebd., S. 163.
[369] Ebd., S. 153.
[370] Offenbar bezieht Genette die Zeit der Narration lediglich auf diese Basiserzählung, ließe sich doch auch argumentieren, eine externe Analepse beispielsweise sei trotz ihrer Zugehörigkeit zur „Zeit", die aus Geschichte und Erzählung entsteht (und nicht aus der Narration),

schoben sein. Daraus ergeben sich die Möglichkeiten späterer, früherer (nie bei Bernhard angewandt), gleichzeitiger und eingeschobener Narration. Bis zum Text *Von einem, der auszog die Welt zu sehen* erfolgt der narrative Akt ausnahmslos nach den Ereignissen, wofür schon die Erzählzeit des Präteritums steht: „Der Gebrauch einer Zeitform der Vergangenheit genügt, um sie als solche [spätere Narration] kenntlich zu machen"[371]. Mit dem *Schweinehüter* und den *Ereignissen* wechselt das Erzähltempus zur Gegenwart; dadurch erscheinen die Texte gleichzeitig mit den sich vollziehenden Geschehnissen erzählt. Besonders deutlich ist auch hier *Ein Frühling*, der ohne zeitliche Verzögerung einen Bewusstseinsstrom wiedergibt. Ab der Bruchstelle allerdings geschieht Erstaunliches: Die *Zeit der Narration* zerfällt, indem sie zunächst häufiger von Text zu Text wechselt: *Der Italiener* ist später erzählt (wie übrigens auch alle Texte im *Stimmenimitator*), *Jauregg* indes gleichzeitig, *Zwei Erzieher* wieder später, *Beruhigung* wiederum gleichzeitig. Dann aber zerfällt die Zeit auch innerhalb der einzelnen Texte: Dies ist bei Bernhard die eingeschobene Narration, ein Jonglage-Stück des Späteren *und* des Gleichzeitigen. Ein Blick auf *Die Mütze* mag das veranschaulichen: Hier schreibt eine Figur als Erzähler seiner Geschichte diese zu einem späteren Zeitpunkt nieder, als sie sich ereignete, während sich die Niederschrift gleichzeitig vollzieht; sie wird „gleichzeitig Medium der Erzählung und Element der Handlung"[372]. Dies scheint die Idealform der eingeschobenen Narration zu sein: Man begegnet

> diesem Typ vor allem in Erzählungen, die [...] die Form des Tagebuchs oder [...] die Form des Briefs verwenden. Mit Beginn des Erzählens ist das erzählte Geschehen nicht abgeschlossen, und der Zeitabstand zwischen dem Erzählten und dem Erzählen ist in diesem Fall so weit verringert, daß passagenweise von einem gleichzeitigen Erzählen gesprochen werden kann [...]. Anders als im Idealfall des gleichzeitigen Erzählens gibt es hier also einerseits durchaus eine erklärte Zeitdifferenz zwischen Schreiben und Erleben, während andererseits die Grenzen zwischen handelndem Helden und schreibendem Erzähler, zwischen erlebendem und erzählendem Ich verschwimmen[373].

Derartige Niederschriften (und mit ihnen also die eingeschobene Narration) häufen sich im späteren Werk: *Attaché an der französischen Botschaft* (Tagebuch), *Am Ortler* (Brief), *Der Wetterfleck* (Brief) und *In Flammen aufgegangen* (Brief) gehören dazu. Nach expliziter Ausdifferenzierung der verschiedenen Narrati-

---

zeitlich später erzählt als die Ereignisse auf Ebene der Basiserzählung und müsste daher an dieser Stelle eigentlich binnendifferenzierend berücksichtigt werden. Doch soll hier darauf verzichtet werden und die Zeit der Narration absolut gesehen werden, da das Interesse wiederum vornehmlich auf der Makrostruktur liegt.
[371] Ebd., S. 157.
[372] Ebd., S. 155.
[373] Matias Martinez, Michael Scheffel: Einführung in die Erzähltheorie, a.a.O., S. 73f.

onszeiten belegen diese Aufsplittungen innerhalb eines Textes erneut vor allem eines: einen Zerfallsprozess, der seinen Beitrag leistet zur letztendlichen (Selbst-)Auslöschung des Geschriebenen bzw. Gesagten.

Ein Text kann nun auch in verschiedene *narrative Ebenen* zerfallen: Extradiegese (Erzählen), Intradiegese (erzähltes Erzählen), Metadiegese (erzähltes erzähltes Erzählen), Metametadiegese (erzähltes erzähltes erzähltes Erzählen) usw., während der Erzähler als Figur in seiner Erzählung selbst vorkommen kann (homodiegetischer Erzähler) oder auch nicht (heterodiegetischer Erzähler). Daraus ergeben sich „die vier fundamentalen Erzähltypen"[374] extradiegetisch-heterodiegetisches, extradiegetisch-homodiegetisches, intradiegetisches-heterodiegetisches sowie intradiegetisch-homodiegetisches Erzählen. Bevor allerdings eine Zuordnung vorgenommen werden kann, stellt sich die brisante Frage, ab wann denn eine Figur zum intradiegetischen Erzähler wird. Vielleicht liegt diese Unsicherheit gerade auch an Bernhards Texten, bei denen Handlung und Gesprochenes immer mehr fragmentiert und durchmischt werden, so dass längere Erzählpassagen des einen oder anderen Erzählers immer seltener werden. Auch nimmt ja die indirekte Rede stark zu; ist diese denn schon als Erzählung eines anderen zu werten? Und zudem: Wie verhält es sich mit den oben beschriebenen Träumen – können diese wirklich als intradiegetisch erzählt aufgefasst werden, wie es mancherorts vorgeschlagen wird[375]? Die vorliegende Untersuchung trifft die Entscheidungen wie folgt: Ein Traum ist kein bewusster Akt und kann nur in den seltensten Fällen vom Träumenden selbst erzählt werden; damit gelte er hier nicht als intradiegetische Erzählung. Auch die indirekte Rede scheidet aus, ist sie doch durch das Bewusstsein eines anderen Erzählers gefiltert (daher hat *Der junge Mann* beispielsweise nur einen Erzähler). Schwierig bleibt, die direkten Redeanteile als Intradiegese zu klassifizieren. Hier kann allein der Umfang und Zusammenhang der Redepassagen helfen: Spricht eine zweite Figur länger „an einem Stück", so sei sie als intradiegetischer Erzähler verstanden. Dieser Fall tritt bei Bernhard nun nicht besonders häufig ein. *Die verrückte Magdalena* besitzt noch am ehesten zwei Erzähler, einen extradiegetisch-homodiegetischen im Ich-Erzähler sowie einen intradiegetisch-homodiegetischen im (länger direkt zitierten) Maler. Auch in *Zwei Erzieher* (und vielleicht in *Am Ortler*, wenn man davon absieht, den nie direkt erscheinenden Agenten als Adressat des Briefes hinzuzuzählen) sprechen die überwiegend direkten Redeabschnitte des zweiten Erziehers (bzw. des Artistenbruders) für zwei Erzähler extradiegetisch-homodiegetischer sowie intradiegetisch-homodiegetischer Art. *Der Wetterfleck* beinhaltet mehrere extradiegetisch-heterodiegetische Erzähler (die Mündel), einen intradiegetisch-homodiegetischen Erzähler (Vormund Enderer) sowie – über Genette hinausgehend – einen metadiegetisch-homodiegetischen Erzähler (Humer). In diesen Fällen kann auch am besten von Erzählerbeobachtern gespro-

---

[374] Gérard Genette: Die Erzählung, a.a.O., S. 178. Wobei Genette hier die Möglichkeit außer acht lässt, mit der metadiegetischen Erzählung einen dritten Faktor hinzuzuziehen.
[375] Vgl. Matias Martinez, Michael Scheffel: Einführung in die Erzähltheorie, a.a.O., S. 77.

chen werden. Ansonsten beherrschen extradiegetisch-heterodiegetische Erzähler das Frühwerk und insbesondere die *Ereignisse*, während ab der Bruchstelle lediglich extradiegetisch-homodiegetisches Erzählen stattfindet. Reine Erzählerhelden sind dabei spärlich gesät: in *Ein Frühling* etwa, vielleicht noch in *Eine Zeugenaussage*, in *Beruhigung* und eventuell in *In Flammen aufgegangen*. Insgesamt wird somit deutlich, dass es Bernhard nicht so sehr um die Trennung in und von Erzählebenen auf Ebene der „Stimme" geht; vielmehr ergibt sich der geschichtete oder zersplitterte Charakter der Texte aus einem modalen Element: dem *splitting* der Fokalisierungen, das vielleicht bei Henry James und dessen Beobachtern abgeschaut wurde[376] – trotz des abschlägigen Bescheids in *Frost*, wo der Famulant doch ein Buch dieses Autors bewusst beiseite legt.

Abschließend kommen dem Erzähler diverse Funktionen zu, „und zwar nach Maßgabe der verschiedenen Aspekte der Erzählung (im weiten Sinne des Wortes), auf die sie sich beziehen"[377]. Die ersten Erzähler Bernhards wollen vor allem eine Geschichte erzählen, ganz deutlich *angesprochen* wird diese Absicht gar im einleitenden Absatz von *Das rote Licht*, der hier noch einmal zitiert sei:

> Das gibt nun heute einmal eine unheimliche Geschichte und manche werden vielleicht gleich eingangs die Nase rümpfen, weil so etwas in unsere Zeit nicht mehr paßt oder höchstens in einem entlegenen Weltwinkel vor sich geht, in Ostfriesland etwa, wo gewisse Leute das zweite Gesicht haben und wo man von Voranmeldungen düsterer Begebnisse hört. Aber diese Geschichte hier, die sich in unserer Heimat vorgetragen hat, ist wahr, bitter wahr, und es leben heute noch genug Menschen, die die folgenden Geschehnisse bezeugen können[378].

---

[376] Vgl. Oliver Jahraus: Die Wiederholung als werkkonstitutives Prinzip im Œuvre Thomas Bernhards, a.a.O., S. 39. Um noch drei weitere Verbindungen zwischen Bernhard und James herzustellen: „Da James' Texte im Spätwerk die Menschen zunehmend ihrer schützenden Dingschicht entkleiden und nur noch einzelne symbolhafte Dinge bestehen lassen, müssen sie sich hinter Sprache verstecken" (Renate Brosch: Krisen des Sehens. Henry James und die Veränderung der Wahrnehmung im 19. Jahrhundert. Tübingen 2000, S. 539) – Bernhards Figuren tun das ebenfalls. Außerdem ist beiden Autoren die „Auflösung des Konzepts von Objektivität" (Ebd., S. 541) eigen; ihre Werke „stellen eine Annäherung bis zur Untrennbarkeit von Wahrnehmung und Vorstellung her, so daß zwischen subjektiver, verzerrter, entfremdeter und irrealer [bzw. wahnhafter!] Wirklichkeit nicht mehr unterschieden werden kann" (Ebd., S. 541), bei Bernhard etwa die multiple Persönlichkeit in *Ist es eine Komödie? Ist es eine Tragödie?* (Vgl. Peter Schallmayer: „Ich habe nichts zu verlieren!", a.a.O.). Und schließlich leuchtet bei beiden „Erkennen auf in den Unbestimmtheiten der dargestellten Bilder, wo plötzlich ein Detail eine Kette von Assoziationen auslöst" (Renate Brosch: Krisend es Sehens, a.a.O., S. 540) – so etwa die mit schwarzem Chevreauleder besetzten Knöpfe des Humerschen Wetterflecks (Vgl. Thomas Bernhard: Der Wetterfleck, a.a.O., S. 139) als „oknophile Objekte" (Adolf Haslinger: Mütze, Mantel, Wetterfleck. Kleiderthematik und poetisches Verfahren bei Thomas Bernhard. In: Bernhard-Tage, a.a.O., S. 26), also Dinge des geistigen Anklammerns, die darüber wiederum zu Leit- und Reizworten werden.
[377] Gérard Genette: Die Erzählung, a.a.O., S. 183.
[378] Thomas Bernhard: Das rote Licht, a.a.O., S. 457.

Unter den späteren Texten findet sich lediglich in *Viktor Halbnarr* ein „Märchenonkel"-Erzähler, dem es ebenso um das Erzählen einer Geschichte, genauer eines Wintermärchens geht, wie es die Kommunikationssituation mit der im Werk einzigartigen direkten Ansprache eines Publikums zeigt: „Über einen Mann, müßt ihr euch vorstellen [!], der Viktor Halbnarr hieß und keine Beine mehr hatte, stolperte ich gestern nacht auf dem Weg durch den Hochwald"[379]. Eine zweite Erzählerfunktion „ist der narrative *Text*, auf den sich der Erzähler in einem gewissen metasprachlichen (hier metanarrativen) Diskurs beziehen kann, um dessen Gliederungen, Verbindungen und wechselseitige Bezüge, kurz seine innere Organisation deutlich zu machen"[380]. In gewisser Weise entsprechen dieser Regiefunktion (wie oben schon einmal anklang) die zahllosen Äußerungen über das Versagen von Sprache, aber ab der Bruchstelle auch die Nennungen verschiedenster Studien als ein Meta-Sprechen oder Sprechen über das Schreiben, und zwar über die Mißverständnisse (*Eine Zeugenaussage*), über das Heidelberger Programm (*Der Italiener*), über die Forstwirtschaft (*Die Mütze*), über das Theater (*Ist es eine Komödie? Ist es eine Tragödie?*), über die Morphologie (*Beruhigung*), über die Korm-Würmer (*Ein ländlicher Betrüger*), (scheinbar) über die Naturgeschichte (*Midland in Stilfs*), über Vortragskunst und Luftschichten (*Am Ortler*) und über eine Philosophenbegegnung (*Rufmord* im *Stimmenimitator*). Dazu zählen zudem die Kurzgeschichten des Kulterers (*Der Kulterer*). Als Beispiel genüge daher ein metasprachlicher Satz zur (dem Gegenstand sich annähernden) Wiederholung, die in den Texten ja von großer Bedeutung ist: „In letzter Zeit schreibe ich alle Briefe drei- bis vier- bis fünfmal, immer gegen die Erregung während des Briefschreibens, meine Schrift sowie meine Gedanken betreffend"[381], sowie eine Reflexion über das Beobachterhafte der späteren Texte in einem späteren Text: „Es wäre schade gewesen, gleich wieder aufzustehen, denn der Landstreicher und der Bettler waren es wert, längere Zeit beobachtet zu werden, wieder zog ich aus dieser Beobachtung eine Reihe wichtiger Schlüsse"[382]. Letzteres Zitat verweist aber auch schon auf einen dritten Aspekt, bei dem die Erzählsituation selbst thematisiert wird, was vor allem, wie zu sehen war, meist mit der eingeschobenen *Zeit der Narration* einhergeht. Aus diesem Grund mag hier der Hinweis auf den Text *In Flammen aufgegangen* genügen, der sich mittels direkter Ansprache als Brief gibt: „Wie Sie wissen, bin ich schon seit mehr als vier Monaten auf der Flucht [...], mein lieber Architekt und Baukünstler"[383]. Die Beglaubigungsfunktion indes kommt lediglich in der Einleitung zu *Das rote Licht* ausführlicher zum Einsatz, wo sich der Erzähler auf Zeugen beruft, während andere Figuren unermüdlich versuchen, die Wahrheit

[379] Thomas Bernhard: Viktor Halbnarr, a.a.O., S. 370.
[380] Gérard Genette: Die Erzählung, a.a.O., S. 183.
[381] Thomas Bernhard: An der Baumgrenze, a.a.O., S. 100.
[382] Thomas Bernhard: Ein ländlicher Betrüger, a.a.O., S. 388.
[383] Thomas Bernhard: In Flammen aufgegangen, a.a.O., S. 448.

ihrer Worte zu betonen, indem sie *bestimmte Wortkombinationen* benutzen wie „in Wahrheit"[384] oder „das ist die Wahrheit"[385]. Die ideologische Funktion schließlich existiert bei Bernhard kaum, handelt es sich hierbei doch um die „direkten oder indirekten Einmischungen des Erzählers in die Geschichte"[386], und diese setzen eine bei Bernhard äußerst rare Nullfokalisierung voraus[387], so etwa in diesem Satz:

> Am liebsten würden sie [die Kinder], nur das junge, in bunte Kleider gehüllte Paar sehen, sonst nichts, [– Fokalisierungsbruch –] aber dann wäre das Spiel kein richtiges Spiel und schon nach kurzer Zeit langweilig; denn zu einem Märchenspiel gehört seit jeher eine bösartige, undurchschaubare Gestalt[388].

Insgesamt lässt sich also auch bei den Erzählerfunktionen ein Zerfall festhalten, der dem Auslöschen des Einheitlichen, Ganzen Vorschub leistet.

---

[384] Thomas Bernhard: Ereignisse, a.a.O., S. 195.
[385] Thomas Bernhard: Montaigne, a.a.O., S. 420.
[386] Gérard Genette: Die Erzählung, a.a.O., S. 184.
[387] Natürlich ist diese Bemerkung nach Genette nicht ganz korrekt, da die Fokalisierungen mit dem „Wer sieht?" zusammenhängt, hier jedoch offensichtlich auch auf „Wer erzählt?" ausgedehnt wird. Doch sei erinnert an die Feststellung, dass auch Genette beides miteinander vermischt. Und schließlich: Was über den Horizont der Figuren hinausgeht, muss zwangsläufig vom Erzähler stammen.
[388] Thomas Bernhard: Ereignisse, a.a.O., S. 202.

III
Fazit: Bernhards postmoderne Poetik der *auto-exaleipsis*

„Er sagt ihm, er sei in die Stadt gekommen, um Menschen kennenzulernen, aber es sei ihm bis jetzt noch nicht gelungen, auch nur einen Menschen zu finden"[389], damit sei dieser Text ein letztes Mal vergegenwärtigend herangezogen. Hier ist noch einmal abzulesen, dass das erste Experiment des jungen Mannes gescheitert ist, Kontakt zu einem der Stadtbewohner herzustellen. Wie schon oben zu sehen war, gelingt ihm allerdings auch das zweite Experiment nicht: Er kann dem alten Mann nicht beweisen, dass er alleine ist. Damit ist der Kurztext eingeteilt in zwei Anläufe des jungen Mannes, die Kluft zur Welt zu überwinden. Auch das hier untersuchte Textkorpus lässt sich in Phasen einteilen. Wie immer wieder schon anklang, bilden *Der Schweinehüter*, *Ein Frühling* sowie *Eine Zeugenaussage* eine Schwelle, über die Tradition gewissermaßen hinwegschreitet und sich dabei zur Innovation wandelt.[390] Waren die Texte auf inhaltlicher Ebene bis zum *Schweinehüter* durch Glaubens- und Gottesvorstellungen sowie durch eine feste Sinnhaftigkeit der Welt geprägt, entfällt diese Stütze danach. Die meisten Figuren fühlen sich sprachlos-hilflos in einer nichtigen Welt, die allein der Tod beherrscht: „Eine einzige Sache ist gewiß: der Tod, dieser Grill, auf dem wir alle als Braten enden"[391], sagt Bernhard in einem Interview; in einer Preisrede bekräftigt er zudem: „[I]ch spreche, worüber ich auch spreche, selbst wenn ich über das Leben spreche, über den Tod"[392]. In dieser seiner Todes-Sprache fallen gerade in der Zeit von *Ein Frühling* und *Eine Zeugenaussage* sperrige Genitivkonstruktionen auf; auch beginnt hier das Bernhard-typische Schreiben als absatzloser Fließtext. Im Zuge der rekursiven Unaus-

---

[389] Ebd., S. 212.
[390] Dem gegenüber gliedert Andreas Herzog das Werk in drei Abschnitte: „Bernhard I. Aufzeichnungen als Zeugnisse einer todkranken Welt" (Andreas Herzog: Vom Studenten der Beobachtung zum Meister der Theatralisierung, a.a.O., S. 102), „Bernhard II. Das monologische Sprechen in geschlossenen geistigen Räumen (Ebd., S. 107) sowie „Bernhard III. Das theatralische Sprechen auf der österreichischen Bühne" (Ebd., S. 112). Allerdings betrachtet er dabei auch die Dramen, die nicht Teil des hiesigen Korpus' sind. Schmidt-Dengler indes sieht erst (und falsch) Mitte der siebziger Jahre eine Zäsur im Schreiben Bernhards: „[I]n der Epoche vorher [steht] das Tragische und Beklagenswerte, der Schrecken und Jammer, das Denken an den Tod im Vordergrund, nur allmählich wandelt sich dies, und der Tod tritt mehr und mehr in den Hintergrund und wird zur Folie, auf der ein Geschehen umso komischer wirkt. Markiert wird diese [...] keineswegs scharfe Trennungslinie durch die Sammlung von Kurztexten *Der Stimmenimitator*" (Wendelin Schmidt-Dengler: Die Tragödien sind Komödien oder Die Unbelangbarkeit Thomas Bernhards durch die Literaturwissenschaft. In: Kontinent Bernhard, a.a.O., S. 22). Ihm folgt auch Andreas Gößling (Vgl. Andreas Gößling: Thomas Bernhards frühe Prosakunst. Entfaltung und Zerfall seines ästhetischen Verfahrens in den Romanen Frost – Verstörung – Korrektur. Berlin und New York 1987, S. 1).
[391] Jean-Louis de Rambures: Alle Menschen sind Monster, sobald sie ihren Panzer lüften, a.a.O., S. 113.
[392] Thomas Bernhard: Der Wahrheit und dem Tod auf der Spur, a.a.O., S. 347.

weichlichkeit finden sich immer längere Reizwortreihen und raffiniertere Kombinationsspielereien. Für die narrativen Strukturen indes gilt ab der Bruchstelle, dass Worte – im Rahmen eines Briefes etwa – auch direkt adressiert werden. Die Syllepse übernimmt die zeitlichen Ordnungssstrukturen, und die Texte werden nurmehr extradiegetisch-homodiegetisch erzählt. Auch das Nennen verschiedener Studien als ein Meta-Sprechen ist erst ab jetzt festzustellen, und Zersplitterung der Fokalisierungen wie Zerfall der *Zeit der Narration* sind erst jetzt zu bemerken. Bezieht man den Wendepunkt des vorliegenden Textkorpus' um 1963 auf das Romanschaffen Bernhards, lässt sich vielleicht behaupten: Erst durch die Umstellung seines Schreibens auf die oben genannte Weise wird ein Erfolg wie *Frost* – erschienen ebenfalls 1963 – überhaupt möglich: Hinter seinen Texten offenbart sich nun immer stärker eine ganz bestimmte Poetik, und zwar jene der *auto-exaleipsis*: „[B]eherrschendes Thema im Werk Thomas Bernhards [... wird] die erste der beiden von Kierkegaard angeführten Möglichkeiten: die Selbstvernichtung"[393], und zwar gerade jene des Sinns.

Daher bestimmen nicht von ungefähr Zerfallserscheinungen und Auslöschungsprozesse alle Ebenen der hier betrachteten Texte, denn „Kunstwerke [...], die den Sinn negieren, müssen in ihrer Einheit auch zerrüttet sein"[394]. Auf der Inhaltsseite durchzieht, wie gezeigt wurde, eine Fülle von sprachskeptischen und sprachkritischen Äußerungen à la Mauthner das Korpus, die bei Bernhard alle einem bestimmten Gedanken gehorchen: „Zwei brauchbare Schulen natürlich: das Alleinsein, das Abgeschnittensein, das Nichtdabeisein einerseits, dann das fortgesetzte Misstrauen andererseits, aus dem Alleinsein, Abgeschnittensein, Nichtdabeisein heraus"[395]. So stecken viele Figuren im Kerker ihres Alleinseins fest oder sind gefangen in der scharf umgrenzten Welt ihres eigenen Seins. Versuchen sie, mittels Sprache andere zu erreichen, fühlen sie sich fortwährend missverstanden oder gar unverstanden, in einer rekursiven Kreisbewegung jedenfalls immer auf sich zurückgeworfen. Am Ende bleibt oft nur „das fortgesetzte Misstrauen" als ein Zerfall des Vertrauens in eine Sprache, deren Linearität sich als Illusion entpuppt, und das Gemeinte in einem „Bankerottspiel"[396] endlos zwischen dem Gesagten oszilliert. Auch innerhalb des Kreises oder Grabens, der viele Figuren umgibt, setzt sich die Zersetzung fort: Die Begriffe werden plötzlich nicht mehr nur zerrissen von der sich ausdehnenden Bewegung der Verständigungs- und Verständnisbemühungen; vielmehr entpuppen sie sich durch ihre permanente Verwendung als hohle Gebilde: Sie löschen sich (und also ihre Bedeutung) durch sich selbst oder besser: an sich selbst aus.[397]

[393] Otto F. Best: Nachwort, In: Thomas Bernhard: Der Wetterfleck. Erzählungen. Stuttgart 1981, S. 65.
[394] Theodor W. Adorno: Ästhetische Theorie, a.a.O., S. 231.
[395] Thomas Bernhard: Drei Tage, a.a.O., S. 79.
[396] Thomas Bernhard: Unsterblichkeit ist unmöglich, a.a.O., S. 96.
[397] Erst am Ende des Gesamtwerks findet sich eine Figur, die mit einer gewissen Gelassenheit ihrem sprachlichen Scheitern gegenübersteht: „Alles Gesagte stellt sich über kurz oder lang

Dem Sinnverlust auf der Inhaltsebene entsprechen die formalen Mittel zur Sinnentleerung auf formaler Ebene. Hierzu setzt Bernhard insbesondere den Kreisel der Wiederholung – Steigerung – Übertreibung – Wiederholung ein. Er dient nur dem einen Zweck, Gewissheiten an sich selbst aufzulösen, als spräche man sich ein Wort solange laut vor, bis es allen Sinn verlöre und völlig fremd klänge, ganz im Sinne Jacques Derridas, der der *itérabilité* eine primär sinnzersetzende Wirkung zuschreibt. Neben Wörtern der Unausweichlichkeit („immer", „nurmehr noch") stehen auch jene des Oszillierens („umgekehrt", „einerseits – andererseits") für die Gefangenschaft der Figuren in sich. Verben mit den Bestandteilen „herein-" bzw. „heraus-" verstärken noch die unentrinnbare Passivität. Neologismen nutzen Figuren oft für das eigentlich Unsagbare oder als Unsagbares. In ihrer Sperrigkeit verstellen sie allerdings zusammen mit geballten Substantiv-Reihen, Ketten von Zahlwörtern sowie Genitivkonstruktionen den Sinn und das Verstehen. Zahllose Komparative und Superlative treiben die Situation oft nicht nur auf die Spitze, sondern löschen ihre eigene Bedeutung – eben jene der Steigerung – aus an ihrem übertriebenen Auftauchen im Text. Immer wiederkehrende Reizwörter und inquit-Formeln funktionieren ähnlich: Sie werden solange wiederholt, bis sie ihrer Bedeutung entleert sind bzw. ihre vormals klare Sprecherzuweisung völlig verwirrt haben. Insgesamt orientiert sich das Schreiben Bernhards an musikalischen Kategorien, reduziert sein Wirken also auf die Form. Nicht das Mitteilen steht im Zentrum, sondern Rhythmus und Musikalität[398] als „Mangel an semantisch fixierbarem Gehalt"[399], aber paradoxerweise auch als höhere formale oder Meta-Ordnung der Irritation, Desorganisation und des Chaos'. Die Mündlichkeit indes spielt als Verpuffen der Worte in der Luft scheinbar ohne schriftliche Fixierung eine große Rolle.

Die narrativen Elemente basieren, wie schon ausführlich dargelegt, ebenfalls ganz auf dem Prinzip des Zerfalls und der Auslöschung. Anstelle der zeitlichen Strukturprinzipien treten, etwa mit der Syllepse, immer öfter musikalische; Figuren hangeln sich assoziativ durch ihre Denk-Zeit, die nicht mehr mit der äußeren Zeit übereinstimmt: Narrative Zeitlichkeit wird so ganz in Musik gesetzt[400]. Die Handlung indes wird durch die Szene als mehr und mehr direktes oder indirektes Sprechen (oder als Erzählung von Worten) zunehmend zerschlagen und verdrängt, während eben jenes Sprechen allmählich zum repetitiven wird: n-mal wird gesagt/erzählt, was ein einziges Mal gesagt/erzählt wurde. Dies mündet letztlich in eine Art Trunkenheit der Iteration: Bernhard jongliert in sei-

als Unsinn heraus, aber wenn wir es überzeugend sagen, mit der unglaublichsten Vehemenz, die uns möglich ist, ist es ja kein Verbrechen" (Thomas Bernhard: Alte Meister. Komödie. Frankfurt a. M. 1988, S. 187). Am Ende nimmt übrigens auch der Humor zu, ganz gemäß der Mauthnerschen Einsicht: „Die niederste Erkenntnisform ist in der Sprache, die höhere ist im Lachen" (Fritz Mauthner: Das philosophische Werk. Band II,3, a.a.O., S. 634).
[398] Vgl. Asta Scheib: Von einer Katastrophe in die andere, a.a.O., S. 152.
[399] Oliver Jahraus: Das ‚monomanische' Werk, a.a.O., S. 189.
[400] Vgl. Gérard Genette: Die Erzählung, a.a.O., S,. 110.

nen Texten mit den zeitlichen Verhältnissen, als wehre er sich gegen die vorgegebene Zeitlichkeit der Zeichen selbst. Auch zerschlägt er später immer öfter die Perspektive; die Fokalisierung oszilliert so zwischen interner und externer Ausprägung. Darüber wird Gleichzeitigkeit ebenso simuliert wie wiederum Zerfall und Auslöschung (einer eindeutigen Sicht). Dasselbe Zerfallen gilt für die *Zeit der Narration*; unter dem Etikett eingeschobener Narration verbirgt sich bei Bernhard späteres *und* gleichzeitiges Erzählen, innerhalb dessen längere Passagen eines Erzählers immer seltener werden; die Redeanteile werden fragmentiert und durchmischt mit den Ereignis-Beschreibungen bzw. (vor allem später) den zitierten Worten anderer. Derartig winzige Erzählschnipsel lassen sich allerdings nicht (mehr) verschiedenen Erzählern auf verschiedenen Ebenen zuordnen; vielleicht wäre Bernhard die Trennung in scharf abgegrenzte narrative Ebenen auch zu sauber und zu wenig verwirrend gewesen. Für Irritation sorgen indes die Mischungen aus Erzähler-Beobachter und Erzähler-Held. So lässt sich generell sagen: Gewissheit gibt es nicht, sie wird bei Bernhard immer ausgelöscht. Eindeutigkeit zerfällt auf allen Ebenen in Mehrdeutigkeit, und die einzelnen „Deutigkeiten" löschen sich gegenseitig aus.

All die einzelnen Elemente dieser drei größeren Einheiten Inhalt, Stil und Narration zusammen bilden eine (narrative) Grammatik, also jenes trotz aller Zerfallsprozesse (und daher paradoxe) feste Gerüst, auf dem Bernhard mit seinen Wörtern und Sätzen zurande kommt[401]; sie zusammen machen die Poetik der *auto-exaleipsis* aus, die sich wie ein roter Faden durch das Textkorpus zieht, gemäß der Maxime: „Diese Beobachtung machen Sie / an allen bedeutenden Künstlern / Sie schaffen alle immer nur ein einziges Werk / und verändern es immer in sich ununterbrochen unmerklich"[402]. So lässt sich eine Evolution an den Texten deutlich ausmachen, und so wohnt ihnen allen doch auch eine Gemeinsamkeit inne: der eine grundlegende Gedanke der Selbstauslöschung. *In Flammen aufgegangen* mag dieses Szenario ein letztes Mal bildlich vor Augen führen. Hier schildert ein Briefeschreiber einem Architekten einen Traum – es ist das der Traum vom abbrennenden Österreich:

[S]tellen Sie sich vor, mein lieber Architekt und Baukünstler, was ich vom Kahlenberg aus [...] zu sehen bekommen habe [...]: dieses ganze widerwärtige, schließlich nurmehr noch bestialisch stinkende Österreich mit allen seinen gemeinen und niederträchtigen Menschen und mit seinen weltberühmten Kirchen- und Kloster- und Theater- und Konzertgebäuden ist vor meinen Augen in Flammen aufgegangen und abgebrannt. Mit zugehaltener Nase, aber weit aufgerissenen Augen und Ohren und mit einer ungeheuerlichen Wahrnehmungslust habe ich es langsam und mit der größtmöglichen theatralischen Wirkung auf mich abbrennen gesehen, solange abbrennen gesehen, bis es nurmehr noch eine

[401] Vgl. Jean-Louis de Rambures: Alle Menschen sind Monster, sobald sie ihren Panzer lüften, a.a.O., S. 109.
[402] Thomas Bernhard: Die Berühmten. In: Ders.: Stücke 2. Frankfurt a. M. 1988, S. 177.

zuerst gelbschwarze, dann grauschwarz stinkende Fläche aus klebriger Asche gewesen ist, sonst nichts mehr[403].

Einen anschaulicheren Schlusspunkt des Korpus' als diesen Text einer Auslöschung könnte es kaum geben, wobei der Brief zugleich auch Zeugnis einer *Selbstauslöschung* ist: Dem Briefschreiber kommt dabei die Rolle des Brandstifters zu, denn immerhin ist er es, der das Abbrennen als seinen Traum erzeugt. Auch befindet er sich mit seinem Sitzplatz über Wien mitten in Österreich – die Flammen betreffen ihn also selbst (wenigstens innerhalb des Traumes).

Bleibt zu klären, was eben bleibt. Diese Fragestellung verlangt nach Differenzierung: Einerseits gilt es zu beantworten, *wovon* denn all das Abbrennen von Sinn und Gewissheit, Eindeutigkeit und Ende als Ergebnis eines Prozesses zeugt (hier geht es um die literaturgeschichtliche Verortung); andererseits, *wozu* dieses Abbrennen denn überhaupt dient (Meta-Interpretation). Diese Auftrennung bietet sich insofern an, da auf letzteres für sich genommen und gerade angesichts der ins Nichts laufenden *auto-exaleipsis* nur sehr schwer eine Antwort gefunden werden dürfte: *In Flammen aufgegangen* verfügt ja über keinerlei Perspektive, die über die Vernichtung Österreichs hinausginge und eine wie auch immer geartete, Phönix-gleiche Erneuerung in Aussicht stellte; der Text kann so zwar als Kritik gelesen werden, doch „ohne utopische Komponenten"[404]. Eine derartige Ungewissheit thematisiert übrigens auch Franz-Josef Murau im Roman *Auslöschung*, wenn er dort berichtet:

Gambettis Aufmerksamkeit, ja Faszination ist die größte, wenn ich ihm sage, wie die Welt in meinem Sinne zu verändern wäre, indem wir sie ganz und gar radikal zuerst *zerstören*, beinahe bis auf nichts *vernichten*, um sie dann auf die mir erträgliche erscheinende Weise wieder herzustellen mit einem Wort, als eine vollkommen neue, wenngleich ich nicht sagen kann, wie das vor sich zu gehen hat, ich weiß nur, sie muß zuerst völlig vernichtet werden, um wieder hergestellt zu werden, denn ohne ihre totale Vernichtung kann sie nicht erneuert sein[405].

An erster Stelle steht also die bewusste Zerstörung; was darauf folgt, ist ungewiss. So scheint lediglich das unentwegte, zwanghafte Monologisieren der Figuren den Prozess (wenigstens für kurze Zeit) zu überdauern, was die Vermutung nahelegt, Schreiben oder Sprechen werde „zum Überlebenstrick"[406], zur noch gegebenen (Todes-)Frist, ganz im Sinne Peter Sloterdijks:

[403] Thomas Bernhard: In Flammen aufgegangen, a.a.O., S. 453f.
[404] Reinhard Kacianka, Peter V. Zima: Vorwort. In: Diess. (Hgg.): Krise und Kritik der Sprache. Literatur zwischen Spätmoderne und Postmoderne. Tübingen und Basel 2004, S. 11.
[405] Thomas Bernhard: Auslöschung, a.a.O., S. 209.
[406] Wendelin Schmidt-Dengler: Vorwort, a.a.O., S. 17.

Sollte man die spezifische Zeitstruktur des gegenwärtigen Lebens charakterisieren, so käme man auf den Begriff einer Zwischenzeit *nach* der Prognose des Schlimmsten und *vor* der Verifikation der Prognosen durch das Wirkliche. Für eine solche Lage gibt es keinen passenderen Begriff als den der Frist[407].

Genau in einer solchen (postmodernen) Zwischenzeit bewegen sich Bernhards Figuren, indem sie das Ende prognostizieren, „den Untergang als das letzte Wort des Wissens"[408] aussprechen und diesen Untergang zumeist gar realisieren – in Form der aufgezeigten *auto-exaleipsis*. Diese betrifft, wie zu sehen war, auch die Sprache selbst; so lässt sich mit Sartre fragen:

> Führen wir nicht die Bewegung fort, die die ‚unreinen Münder', die wir verachten, begannen, treiben wir nicht den Wörtern ihren eigentlichen Sinn aus, und werden wir uns nicht, mitten in der Katastrophe, in einer Gleichwertigkeit aller Namen wiederfinden und dennoch gezwungen sein zu sprechen?[409]

Nicht zu überhören ist hier wie bei Bernhard der resignative Unterton. „Diese Resignation hängt wiederum mit der Sprachentwertung zusammen, die Wörter wie ‚Aufklärung' und ‚Veränderung' zu Worthülsen verkommen lässt"[410], wie es die obige Analyse etwa am Kreisel der Wiederholung – Steigerung – Übertreibung darlegte und wofür folgender Satz Bernhards beispielhaft einstehen mag: „Manchmal erheben wir alle unseren Kopf und glauben, die Wahrheit oder die scheinbare Wahrheit sagen zu müssen und ziehen ihn wieder ein. Das ist alles"[411]. Auch wenn keine Wahrheit ist, sind wir „gezwungen" zu sprechen, bleibt „die Ohnmacht einer Sprache, die schon immer begonnen hat"[412].

Mit den (postmodernen) Stichworten „Gleichwertigkeit" und „Utopielosigkeit" aber nähert sich die Arbeit einer literaturgeschichtlichen Verortung Bernhards. Dem muss jedoch zweierlei vorausgeschickt werden: Zum einen steht die Analyse wiederum der Paradoxie jedweder Erkenntnistätigkeit gegenüber, wie sie weiter oben schon als Widerstreit zwischen Allgemeinem und Besonderem beschrieben wurde und noch verschärft wird durch den Versuch, aus postmodernen und also stark partikularisierenden Theorien allgemeine Prinzipien abzuleiten. Zum anderen verfügt die Postmoderne keineswegs über eine

---

[407] Peter Sloterdijk: Nach der Geschichte. In: Wolfgang Welsch (Hg.): Wege aus der Moderne. Schlüsseltexte der Postmoderne-Diskussion. Mit Beiträgen von J. Baudrillard, A. Bell, J. Derrida, U. Eco, L.A. Fiedler, A. Gehlen, J. Habermas, I. Hassan, Ch. Jencks, D. Kamper, H. Klotz, J.-F. Lyotard, A. Bonito Oliva, P. Sloterdijk, G. Vattimo, R. Venturi, A. Wellmer. Weinheim 1988, S. 266f.
[408] Ebd., S. 266.
[409] Jean-Paul Sartre: Der Mensch und die Dinge. Aufsätze zur Literatur 1938-1946. Reinbek b. H. 1978, S. 111.
[410] Ebd.
[411] Thomas Bernhard: Der Keller. Eine Entziehung. München 2002, S. 144.
[412] Michel Foucault: La Pensée du dehors. Paris 1986, S. 23.

einheitliche Ästhetik, die der Orientierung dienen könnte. Fruchtbarer erscheint daher zunächst, Moderne, Modernismus und Postmoderne

> als gesellschaftliche und historische *Problematiken* aufzufassen: als *sozio-linguistische Situationen*, in denen bestimmte Antworten auf bestimmte Fragen gesucht werden, wobei Fragestellungen, die in einer besonderen Situation noch sinnvoll erschienen, im Mittelpunkt der Auseinandersetzungen standen und eine Antwort erheischten, in einer späteren Problematik an die Peripherie des intellektuellen Geschehens gedrängt werden oder gar in Vergessenheit geraten.[413]

Die vielleicht nützlichste und zugleich behutsamste Beschreibung dieser Tendenzen stammt von Peter V. Zima; er versteht zunächst

> Moderne, Modernismus und Postmoderne als Konstellationen, die von drei zentralen Problemen strukturiert werden, auf die sich ihre politischen, psychologischen, philosophischen und ästhetisch-literarischen Fragen und Antworten beziehen: die *Ambiguität*, die *Ambivalenz* und die *Indifferenz*[414].

Die Literatur des 18. und 19. Jahrhunderts kennzeichnet demnach der Gegensatz von Sein und Schein, jedes für sich erkennbar und einem Verstehen zugänglich. Anders verhält es sich im Zeitalter der Ambivalenz: Jetzt gehen die Gegensätze in keiner Synthese mehr auf; Schein und Sein stehen unversöhnt nebeneinander. In der Postmoderne schließlich erscheinen alle Werte austauschbar, wie Friedrich Nietzsche vorwegnahm: „Es wäre sogar möglich, daß *was* den Wert jener guten und verehrten Dinge ausmacht, gerade darin bestünde, mit jenen schlimmen, scheinbar entgegengesetzten Dingen [...] verwandt, verknüpft, verhäkelt, vielleicht gar wesensgleich zu sein."[415] Diese Indifferenz als Problematik dominiert bei Bernhard schon die inhaltliche Ebene; so deutet er in seiner Dankesrede anlässlich der Verleihung des Österreichischen Staatspreises an: „Es ist nichts zu loben, nichts zu verdammen, nichts anzuklagen, aber es ist vieles *lächerlich*; es ist alles lächerlich, wenn man an den *Tod* denkt"[416]; der Begriff des Lächerlichen beinhaltet hier auch das Indifferente, Gleichgültige angesichts des Todes und in gewisser Weise, wie oben am sinnlosen, da scheiternden Niederschreiben von Gedanken aufgezeigt, auch das Sinnentleerte, was sich anschließen lässt an „[d]ie zweite Revolution, die des 20. Jahrhunderts, der Postmoderne, die ein ungeheurer Prozeß der Sinnzer-

---

[413] Peter V. Zima: Moderne / Postmoderne. Gesellschaft, Philosophie, Literatur. 2. Auflage. Tübingen und Basel 2001, S. 37.
[414] Ebd., S. 41.
[415] Friedrich Nietzsche: Jenseits von Gut und Böse. In: Ders.: Sämtliche Werke. Kritische Studienausgabe in 15 Bänden, Bd. 5: Jenseits von Gut und Böse. Zur Genealogie der Moral. Hrsg. v. Giorgio Colli und Mazzino Montinari. Berlin und New York 1988, S. 17.
[416] Thomas Bernhard: Der Wahrheit und dem Tod auf der Spur, a.a.O., S. 349.

störung ist"[417]. Eine Passage aus *Der Keller* stützt diese Deutung zusätzlich; ausführlich subsummiert Bernhard sein Schreiben dort unter den Begriff der Gleichgültigkeit (weshalb sich die Verortung im Folgenden auch an diesem Leitbegriff orientiert): „Mein besonderes Kennzeichen heute ist die Gleich*gültigkeit*, und es ist das Bewußtsein der Gleich*wertigkeit* alles dessen, das jemals gewesen ist und das ist und das sein wird"[418]. Denn, so argumentiert Bernhard: „Die Natur kennt keine Wertunterschiede"[419]. Gemeint ist hier indes nicht nur die Koexistenz unterschiedlicher, sich widersprechender Werte, sondern deren prinzipielle Austauschbarkeit, wie sie für die Postmoderne ausschlaggebend ist. So ergänzt Bernhard:

> Wir erkennen uns in jedem Menschen, gleich, wer er ist, und sind zu jedem dieser Menschen verurteilt, solange wir existieren. Wir sind alle diese Existenzen und Existierenden zusammen und sind auf der Suche nach uns und finden uns doch nicht, so inständig wir uns darum bemühen[420].

So gesehen spielt es keine Rolle, wer wir sind, da wir mit allen austauschbar sind; folgerichtig beschließt Bernhard den Diskurs polemisch mit der Äußerung „es ist alles *egal*"[421].

Auf Inhaltsebene lässt sich auch der (bewusste?) Einsatz von Realitätspartikeln zum Indifferenz-Komplex hinzuzählen, gilt für die Postmoderne doch: „Versucht wird die Verbindung von [...] Fiktion und Wirklichkeit"[422] oder mit den Worten Bernhards: „Na, Wahrheit ist alles und gedichtet ist auch alles. Das ist so eine Mischung"[423]. Diese Melange, dieses „Vexierbild"[424] aus gleichgültigen realen und fiktiven Elementen zielt indes nicht darauf ab, bloße Bezüge zur Wirklichkeit herzustellen, sondern das Besondere „liegt in dem Spannungsverhältnis von Realität und Fiktion, in welchem sich die Gegensätze nicht getrennt einander gegenüberstehen, sondern sich wechselseitig determinieren und

[417] Jean Baudrillard: *Simulacres et simulation*. Paris 1981, S. 229.
[418] Thomas Bernhard: Der Keller, a.a.O., S. 141f.
[419] Ebd., S. 142.
[420] Ebd., S. 143.
[421] Thomas Bernhard: Der Keller, a.a.O., S. 143. Zima bemerkt mit Blick auf Bernhards Roman *Auslöschung* zusätzlich: „Nicht der negative Ton ist hier entscheidend, sondern die Austauschbarkeit der Topoi, die zum Verzicht auf die metaphysische Suche des spätmodernen oder modernistischen Romans führt. Daß diese Austauschbarkeit den Gedanken der *Gleichwertigkeit* aufkommen läßt, bestätigt Bernhard, wenn er in einem Interview bemerkt: ‚Mein Standpunkt ist die Gleichwertigkeit aller Dinge'" (Peter V. Zima: Moderne / Postmoderne, a.a.O., S. S. 342f.).
[422] Se-Hoon Kwon: Die moderne Schreibweise in den Werken von Franz Kafka und Günter Kunert oder der Übergang von der Moderne zur Postmoderne. Frankfurt a.M., Berlin, Bern, New York, Paris und Wien 1996, S. 13.
[423] Thomas Bernhard: „Holzfällen" (Wien 1984). In: Krista Fleischmann (Hg.): Thomas Bernhard – Eine Begegnung. Gespräche mit Krista Fleischmann. Wien 1991, S. 161.
[424] Theodor W. Adorno: Ästhetische Theorie, a.a.O., S. 184.

machmal nahezu aufzuheben [!] scheinen"[425]. Dieses Spannungsverhältnis findet sich als „eine kleinere, aber für Bernhards Arbeitsweise durchaus aufschlußreiche Affäre"[426] im Kurztext *Exempel*. Dort ist die Rede vom „Oberlandesgerichtsrat Zamponi", der sich „zum Entsetzen aller im Gerichtssaal Anwesenden"[427] erschießt, um ein Exempel zu statuieren. Diese Erwähnung nahm Annelore Lucan-Stood, Tochter des Linzer Oberlandesgerichtspräsidenten Reinulf Zamponi, zum Anlass, einen Prozess auf Ehrbeleidigung anzustrengen. Bernhard reagierte mit einem Leserbrief, in dem er anbot: „Sollten Sie den Wunsch haben, daß der Name Ihres Vaters aus dem *Exempel* und also auch aus dem Buch *Der Stimmenimitator* getilgt und durch einen anderen ersetzt wird, werde ich Ihren Wunsch selbstverständlich bei der erstbesten Gelegenheit erfüllen und den Namen *Zamponi* durch den Namen *Ferrari* oder *Macchiavelli* ersetzen"[428], woraufhin Lucan-Stood ihre Anzeige zurückzog und Zamponi seitdem den Namen Ferrari trägt.[429] Vor diesem Hintergrund erweist sich folgende Textstelle aus *Goethe schtirbt* als Anspielung und gibt zugleich ein Paradebeispiel ab für die Verquickung von Realität und Fiktion, indem das genannte „Ich" den fiktiven Erzähler ebenso bezeichnet wie, noch unterstützt durch die Klammern, den realen Autor Bernhard:

Ein österreichischerDenker! soll Kräuter auch dem Arzt gegenüber ausgerufen haben, der Goethe behandelte und täglich zweimal erschien, worauf dieser Arzt

---

[425] Barbara Mariacher: „Umspringbilder". Erzählen – Beobachten – Erinnern. Frankfurt a.M. 1999, S. 20. Die Studie knüpft die ausführliche Darstellung dieser Problematik (Ebd., S. 15-24) zudem an die problematische literaturwissenschaftliche Annäherung an das Werk Bernhards (Ebd., S. 25-40).
[426] [N.N.:] Bernhard und das *Demokratische Volksblatt.* In: Thomas Bernhard und Salzburg. 22 Annäherungen. Hrsg. v. Manfred Mittermayer und Sabine Veits-Falk. Salzburg: Salzburger Museum Carolino Augusteum, 2001, S. 129.
[427] Beide Thomas Bernhard: Der Stimmenimitator. Frankfurt a.M. 1978, S. 29 [Erstausgabe].
[428] Zitiert nach Jens Dittmar (Hg.): Sehr geschätzte Redaktion. Leserbriefe von und über Thomas Bernhard. Wien 1991, S. 88. Dass ihm dabei der Schalk im Nacken sitzt, immerhin nennt er den Text „eine philosophische Dichtung als Huldigung Ihres Herrn Vaters" (Ebd.), unterstreicht einmal mehr die Bedeutung des Spielerischen, Artistischen, worauf gleich noch zurückzukommen sein wird.
[429] Weitere juristische Auseinandersetzungen lösten beispielsweise *Die Ursache* sowie *Holzfällen* aus. In ersterem glaubte sich der Salzburger Priester Franz Wesenauer in der Figur des „Onkel Franz", in letzterem Gerhard Lampersberg in jener des „Auerberger" wiedererkannt zu haben. Beide verklagten Bernhard ebenfalls auf Ehrbeleidigung, zogen ihre Klagen aber wieder zurück. Vgl. Jens Dittmar (Hg.): Sehr geschätzte Redaktion, a.a.O., S. 61-66 bzw. S. 135-147. Zur Kunst des Skandals bei Bernhard, besonders hinsichtlich des Theaterstücks *Heldenplatz* vgl. Oliver Bentz: Thomas Bernhard – Dichtung als Skandal. Würzburg 2000. Interessant am Skandal ist im Übrigen, dass Kunstwerke entkontextualisiert und also in die Realität (wie bei Bernhard z.B. in einen Gerichtssaal) hinübergezogen werden. Zur Entkontextualisierung vgl. Peter Zimmermann: Die Skandal des Skandals. In: Ders., Sabine Schaschl: Skandal: Kunst. Wien 2000, S. 8f.

(ich nenne seinen Namen nicht, damit er mich nicht verklagen kann!) zu Kräuter gesagt haben soll, er, Kräuter, sei wahnsinnig geworden, worauf Kräuter zu dem Arzt gesagt haben soll, er, der Arzt, sei verrückt, worauf der Arzt zurückgesagt haben soll, Kräuter gehöre nach Bethel, worauf Kräuter dem Arzt gesagt haben soll, daß *er* nach Bethel gehöre undsofort[430].

Die schon angesprochene Ablehnung der Utopie führt Zima zu einer weiteren begrifflichen Fassung der Postmoderne: „Man könnte nun einen ersten Definitionsversuch mit der These wagen, *daß die postmoderne Literatur gegen die metaphysischen Reste der Moderne im Modernismus aufbegehrt*"[431]. Genau dieses Aufbegehren lässt sich, wiederum inhaltlich, bei Bernhard demonstrieren. Wie schon gezeigt wurde, ist *Die Landschaft der Mutter* Teil einer heilen Welt, in der Trost, Heimat und Schönheit zu den Fixpunkten zählen. 14 Jahre später wendet sich Bernhard explizit gegen diesen Text, indem er in *Unsterblichkeit ist unmöglich. Landschaft der Kindheit* die ehemals idyllische Heimat umschreibt in „eine zum Ekel gewordene Arroganz, Ignoranz"[432] und schließlich (vielleicht in Bezug auf seinen früheren Text) bemerkt: „Auch die Landschaft meiner Kindheit ist tot"[433]. Diese Wendung gegen das eigene Frühwerk lässt sich lesen als „Polemik des Autors gegen sich selbst"[434], als ein Aufbegehren gegen die und Auslöschen der eigenen metaphysischen Reste, wie sie oben in den religiösen und idyllischen Elementen ausgemacht wurden, und wie es Bernhard im Motiv der Abschenkung ab *Die verrückte Magdalena* metaphorisch durchspielt. „Dieser Vorgang ist nicht nur innerhalb dieser Erzählung wichtig, sondern er führt zugleich das Motiv der ‚Abschenkung' ein, das bis zur letzten Prosaveröffentlichung im Jahr 1986, Auslöschung, immer wieder aufgegriffen wird"[435]. Die entsprechende Textstelle lautet:

> Einmal stellte sie sich vor die Haustüre [...] und warf ihre Spielsachen unter die Menge der lachenden Kinder, die gerade aus dem Kirchhof kamen. Und sie wehrte sich heftig, ihre Puppen und Esel, Kochlöffel und buntbestickten Tücher von den erstaunten Eltern zurückzunehmen. Manche Leute im Dorf hielten sie deshalb für nicht normal[436].

Die Chance zur Abschenkung haben die Brüder in *Midland in Stilfs* indes verpasst, und nun zwingt sie die Erschöpfung, am Erbe festzuhalten:

[430] Thomas Bernhard: Goethe schtirbt, a.a.O., S. 404.
[431] Peter V. Zima: Moderne / Postmoderne, a.a.O., S. S.238.
[432] Thomas Bernhard: Unsterblichkeit ist unmöglich, a.a.O., S. 96.
[433] Ebd., S. 97.
[434] Christian Klug: Thomas Bernhards Arbeiten für das Salzburger *Demokratische Volksblatt* 1952 bis 1954, a.a.O., S. 137.
[435] Eva Marquardt: Gegenrichtung, a.a.O., S. 28.
[436] Thomas Bernhard: Die verrückte Magdalena, a.a.O., S. 470.

Wenn wir schon zu Stilfs verurteilt sind, haben wir immer gedacht, von den furchtbaren Machthabern, unseren Eltern, wenn wir schon hier in Stilfs lebenslänglich zu bleiben haben, denn nur an Befreiung zu denken, sind wir schon viel zu schwach, wollen wir Stilfs nicht ruinieren[437].

Zu spät ist es auch für die Geschwister in *Ebene*, sprechen diese doch nurmehr im *Irrealis* vom Auslöschen eines Anwesens:

Wir hätten vor Jahrzehnten aufgeben sollen, was wir, auch wenn wir weggehen und wenn wir verlassen und zurücklassen und auslöschen, jetzt nicht mehr aufgeben und verlassen und zurücklassen und nicht mehr auslöschen können, weil wir nicht mehr die Kraft dazu haben, weil unsere Erschöpfung eine totale Erschöpfung ist[438].

Dass beide Texte den Tod als einzigen Ausweg thematisieren[439], ist nur konsequent und bereitet vor auf *Unglückliche Liebe*, wo der Selbstmord durchgeführt und mit einer testamentarischen Abschenkung verknüpft wird: „Der Geografieprofessor Pittioni, der, solange er im Gymnasium unterrichtet hat, von seinen Schülern gepeinigt worden ist, [... hat sich] erhängt. In seinem Testament hat er alles, was er besessen hat, seinen Schülern vermacht"[440]. In wesentlich stärkerem Maße taucht das Motiv allerdings in Bernhards umfangreicheren Erzählungen und Romanen auf. So vermacht der Arzt in *Watten* seinen Erlös „aus dem Verkauf der Liegenschaft Oelling"[441] dem Juristen Undt, der die eineinhalb Millionen für gerade entlassene Strafhäftlinge einsetzt, und denkt darüber nach, seine Schuhe zu verschenken oder, nach seinem Umzug in die Baracke, das Schloss einer neuen Bestimmung zuzuführen[442]. Eine andere Abschenkung beinhaltet, jetzt auch unter diesem Namen, die Erzählung *Ungenach*. Dort teilt Robert Zoiss seinem Notar mit, „Ungenach, das durch den plötzlichen Tod meines Vormunds und die ein Jahr vorher bekannt gewordene Ermordung Karls gänz-

---

[437] Thomas Bernhard: Midland in Stilfs, a.a.O., S. 122.

[438] Thomas Bernhard: Ebene, a.a.O., S. 396.

[439] So heißt es in *Midland in Stilfs*: „Logisch wäre, konsequent wäre, meinte Franz gestern abend, daß wir alle uns von einem Augenblick auf den anderen aus dem Staub machten, daß wir uns umbringen" (Thomas Bernhard: Midland in Stilfs, a.a.O., S. 124) und in *Ebene*: „[A]lles um uns und in uns ist nichts als tödlich" (Thomas Bernhard: Ebene, a.a.O., S. 397).

[440] Thomas Bernhard: Der Stimmenimitator, a.a.O., S. 305.

[441] Thomas Bernhard: Watten. Ein Nachlaß. Frankfurt a. M. 1998, S. 7.

[442] „Tatsächliche habe ich noch Dutzende Paare von Schuhen, die ich alle verschenken werde. *Noch verschenke ich meine Schuhe nicht*, aber eines Tages werde ich alle meine Schuhe verschenken" (Ebd., S. 33f.). Sowie: „Das Schloß interessiert mich nicht mehr, hat mich nie interessiert. [...] Vermieten Sie das Schloß, sagen die Leute, geehrter Herr. Öffnen Sie es für Greise oder für Waisenkinder! Machen Sie eine Irrenanstalt daraus! Lassen Sie entlassene Häftlinge aus den Strafanstalten hinein! Kein Gebäude ist besser geeignet für die Aufführung großer Schauspiele! Wenn hier Wissenschaftler zusammenkämen! Künstler!" (Ebd., S. 66f.).

lich auf mich übergegangen ist [...], alles, was mit Ungenach zusammenhängt, aufzugeben, abzuschenken"[443]. Eine letztwillige Verfügung Roithamers indes bestimmt den Erzähler in *Korrektur* zum Erben eines „aus Tausenden von Roithamer beschriebenen Zetteln, aber auch aus dem umfangreichen Manuskript mit dem Titel *Über Altensam und alls, das mit Altensam zusammenhängt, unter besonderer Berücksichtigung des Kegels*, zusammengesetzten"[444] Nachlasses, wohingegen der genannte Kegel an den Staat fällt[445]. In *Auslöschung* schließlich vermacht Murau (in ähnlichem Wortlaut wie sein Vorgänger in *Ungenach*) sein Erbe, „ganz Wolfsegg, wie es liegt und steht, und alles *Dazugehörige*, als ein bedingungsloses Geschenk, der Israelitischen Kultusgemeinde in Wien"[446]. Jedoch erfüllt die Abschenkung in keinem dieser Texte den beabsichtigten Zweck einer Befreiung von der Herkunft (auch als Schaffung einer eigenständigen Identität[447]), die Überleben dauerhaft ermöglichte[448]:

> Weder das bewußte Verdrängen des Vergangenen [in *Watten*] noch dessen erinnernde Vergegenwärtigung [in *Ungenach*] erweisen sich als taugliche Konzepte, um mit der Last der Geschichte fertig zu werden. In *Korrektur* [mittels Baukunstwerk] und schließlich in *Auslöschung* [mittels Bericht] werden die Hauptfiguren neue Bewältigungsstrategien erproben, indem sie ihr Herkunftstrauma [vergeblich] auf einer künstlerisch-ästhetischen Ebene zu therapieren suchen[449].

Der Einspruch gegen die eigene Vergangenheit stellt darüber hinaus ein Reflexivwerden dar, wie es der Postmoderne gegenüber der Moderne bzw. dem Modernismus eigen ist. So vollzieht Bernhard eine Wende hin zum postmodernen Schreiben, indem er ab der Bruchstelle versucht, „sich von einem vergangenen Selbst zu distanzieren, welches der restaurativen Ideen- und Gedankenwelt jener Jahre restlos erlegen war"[450]. Dieses Reflexivwerden legt neben dem bislang Erörterten die Vermutung nahe, dass es sich bei der Poetik der *Selbst*auslöschung

---

[443] Thomas Bernhard: Ungenach, a.a.O., S. 8f.
[444] Thomas Bernhard: Korrektur. Roman. Frankfurt a. M. 1988.
[445] „An dieser Stelle kann gesagt sein, daß der Kegel selbst und alles ihm zugehörige Areal [...] wieder dem Staat, dem er [Roithamer] sie so teuer, aber korrekt abgekauft hatte, zugefallen sind, mit der Auflage, *Den Kegel selbst verfallen zu lassen, niemals und durch niemanden mehr berühren zu lassen und also gänzlich der Natur [...] zu überlassen*" (Ebd., S. 22).
[446] Thomas Bernhard: Auslöschung, a.a.O., S. 650.
[447] Zur *Auslöschung* beispielsweise schreibt Sylvia Kaufmann: „[T]he study Murau wants to write at any cost is his desperate endeavour to create identity" (Sylvia Kaufmann: The importance of Romantic Aesthetics for the Interpretation of Thomas Bernhard's „Auslöschung. Ein Zerfall" und „Alte Meister. Komödie", a.a.O., S. 59).
[448] Auch von Seiten der Indifferenz lässt sich zweifeln: „[D]enkt euch die Indifferenz selbst als Macht – wie könntet ihr gemäss dieser Indifferenz leben?" (Friedrich Nietzsche: Jenseits von Gut und Böse, a.a.O., S. 22).
[449] Hermann Helms-Derfert: Die Last der Geschichte, a.a.O., S. 106.
[450] Christian Klug: Thomas Bernhards Arbeiten für das Salzburger *Demokratische Volksblatt* 1952 bis 1954, a.a.O., S. 137.

tendenziell um eine postmoderne Poetik handelt, auch gemäß einer Äußerung des Dekonstruktivisten Paul de Man, der die Selbstzerstörung dem postmodernen Text selbst als charakteristisch einschreibt: „Die Weisheit des Textes ist selbstzerstörerisch (Kunst ist wahr, aber die Wahrheit tötet sich selbst)"[451] und gemäß eines Kommentars Zimas, der Bernhards Werk insgesamt den postmodernen „Text[en] der destruktiven Revolte"[452] zuordnet.

Die Indifferenz manifestiert sich überdies auf *formaler* Ebene, berücksichtigt man folgende Beschreibung:

> Statt der Abfolge eines Nacheinanders von Verfahren kreisen die postmodernen Problemfelder um Zentren, die jeweils durch die differenzerhaltende Korrelation widerstreitender Elemente im postmodernen Werk bestimmt werden und den Innovationszwang der Moderne durch die Forderung nach Variation als permanente Reflexion ersetzen[453].

Hier liegt es nahe, die schon analysierten Reizwörter und Reizsätze als eine solche permanente, um bestimmte Zentren kreisende Reflexion zu verstehen; Reizwörter, die sich, da „Wiederholung primär sinnzersetzend wirkt"[454], zusätzlich der postmodernen Problematik der Austauschbarkeit zuordnen lassen: Die wiederholten Worte verlieren durch ihre beständige Nennung allmählich ihren Sinn und dienen schließlich mehr der Rhythmisierung des Sprachflusses. Der Austauschbarkeit dienen daneben auch Konstruktionen, die auf dem Wort „umgekehrt" beruhen, durch „einerseits – andererseits" oder Paradoxien[455] strukturiert werden, so insgesamt einem Immunisierungsverfahren gleichkommen, das die modernistische Frage nach den Gegensätzen („Was ist gut, was ist böse?"[456]) wie auch nach der Wahrheit („Was ist wahr? Was ist Wahrheit?"[457]) ad absurdum führt, und das gerade auch durch die *zu* zahlreichen Versicherungen der Erzähler, nichts als die Wahrheit zu berichten. Unentscheidbar wird schließlich auch die Gattungsfrage, wie nicht zuletzt der Titel *Ist es eine Komödie? Ist es eine Tragödie?* augenfällig macht. Der Übertreibung indes, ein weiteres postmodernes Charakteristikum, dienen das Sprechen in Steigerungsformen und der massive Einsatz von Superlativen; hier „werden die sprachlichen Konventionen so stark übertrieben, daß von der Sprache nichts übrig bleibt als Sprachzerstö-

---

[451] Paul de Man: Allegorien des Lesens. Frankfurt a. M. 1988, S. 159.
[452] Peter V. Zima: Moderne / Postmoderne, a.a.O., S. 371.
[453] Thorsten Scheer: Postmoderne als kritisches Konzept. Die Konkurrenz der Paradigmen in der Kunst seit 1960. München 1992, S. 140.
[454] Peter V. Zima: Moderne / Postmoderne, a.a.O., S. 186.
[455] Diese ordnet Zima zu Unrecht der Moderne zu (Vgl. ebd., S. 266), schließlich stehen bei einer Paradoxie nicht Gegensätze entscheidbar einander gegenüber; vielmehr wirkt das Oszillieren zwischen entweder – oder auf ein *tertium datur* hin, das die Irrelevanz der Unterscheidung, die Austauschbarkeit der beiden Seiten unter Beweis stellt.
[456] Ebd.
[457] Ebd.

rung"[458]; dasselbe Zuviel wohnt übrigens auch der Karnevalisierung inne, wie sie viele postmoderne Texte betreiben.

> Der Begriff [... selbst] umgreift auf eine geradezu überschwengliche [!] Weise die [postmodernen] Aspekte von Unbestimmtheit, Fragmentarisierung, Auflösung des Kanons, Verlust des „Ich" [...]. Aber darüber hinaus vermittelt der Begriff auch etwas von dem komischen, ja bisweilen bis ins Absurde gehende Ethos der Postmoderne [...]. Des weiteren bedeutet Karnevalisierung auch ‚Polyphonie', die Zentrifugalkraft der Sprache, die ‚fröhliche Relativität der Dinge', bedeutet Perspektivismus und Performanz, Teilnahme am wilden Durcheinander des Lebens, bedeutet Immanenz des Lachens[459].

Fragmentierung als „Aneinanderfügen diskontinuierlicher Bruchstücke"[460] und Teil des Spiels mit der narrativen Syntax, wie sie Zima als weitere postmoderne Problematik ausmacht, durchzieht die Poetik auch auf narrativer Ebene. Gezeigt wurde ja, ausgehend vom Geschichtenzerstören, das einer postmodernen Ablehnung der *metarécits* entspricht, wie Bernhard zeitliche Linearität allmählich durch das Assoziationsverfahren der Syllepse ersetzt. In diesem Kontext gehören überdies die zunehmende Zertrümmerung der Perspektive (Fokalisierungen), die Auflösung der eingeschobenen Narration in ihre Bestandteile des späteren und gleichzeitigen Erzählens sowie die Durchmischung der Redeanteile, wie sie die inquit-Formeln später immer öfter markieren bzw. verwirren. Der Erzähler-Beobachter schließlich entpuppt sich bei genauerer Betrachtung als (auch vom Leser) „betrachteter Betrachter"[461], eine typisch postmoderne Konstellation. Nimmt man diese inhaltlichen wie formalen Ergebnisse zusammen, wird deutlich, dass Bernhard *über die Poetik der Selbstauslöschung* tatsächlich mitwirkt an jenem „ungeheuren Prozess der Sinnzerstörung", der die Postmoderne ist.[462]

Die Weisheit des Textes ist selbstzerstörerisch, das wurde weiter oben schon gesagt, „doch diese Selbstzerstörung wird durch eine unendliche Folge rhetorischer Umkehrungen verschoben"[463]. Umkehrungen bedeuten in Bezug auf Bernhard vor allem das ununterbrochene Räsonieren oder Reflektieren der Figuren, und „reflection is an infinite process which in exponential incompletion finally generates an artistic play that self-ironically thematizes its vain efforts"[464]. Damit ist der Schlüssel zu einer Meta-Interpretation der post-

---

[458] Ebd., S. 272.

[459] Ihab Hassan: Postmoderne heute, a.a.O., S. 53.

[460] Se-Hoon Kwon: Die moderne Schreibweise in den Werken von Franz Kafka und Günter Kunert oder der Übergang von der Moderne zur Postmoderne, a.a.O., S. 178.

[461] Michel Foucault: Die Ordnung der Dinge. Frankfurt 1980, S. 377.

[462] Anderer Meinung ist Willi Huntemann. Vgl. ders.: „Treue zum Scheitern". Bernhard, Beckett und die Postmoderne. In: Text + Kritik 43 (1991), S. 42-74.

[463] Paul de Man: Allegorien des Lesens, a.a.O., S. 159.

[464] Sylvia Kaufmann: The importance of Romantic Aesthetics for the Interpretation of Thomas Bernhard's „Auslöschung. Ein Zerfall" and „Alte Meister. Komödie", a.a.O., S. 132.

modernen Geste, des Abbrennen allen Sinns gefunden: Es ist die schiere Artistik, und das ganz im Sinne Gottfried Benns:

> Artistik ist der Versuch der Kunst, innerhalb des allgemeinen Verfalls der Inhalte sich selbst als Inhalt zu erleben und aus diesem Erlebnis einen neuen Stil zu bilden, es ist der Versuch, gegen den allgemeinen Nihilismus der Werte eine neue Transzendenz zu setzen: die Transzendenz der schöpferischen Lust[465].

Diese Lust hat ihren Platz im Jetzt, in der schon erwähnten Zwischenzeit, die die Zukunft als Utopie (*ou topos*), als Nicht-Ort entlarvt. Dennoch stiftet gerade diese Lust, aller Elemente der Selbstauslöschung zum Trotz, auf einer Meta-Ebene Sinn. Oder anders ausgedrückt und auf den Bernhardschen Text an sich bezogen: Mögen all die Elemente der Poetik auch der Selbstauslöschung dienen, mögen inhaltliche und formale Strukturen einem Verständnis entgegenwirken, ergeben sie doch wie durch Zauberhand und auf einer Meta-Ebene einen lesbaren, „sinnvollen" Text. In gewisser Weise scheint es nun, so trivial es auch klingen mag, dem Leser zuzukommen, diesen Neuaufbau (des Textes, der Welt) „mit einem Wort" für sich durchzuführen.[466]

Diese Aufforderung gilt auch dem Interpreten, wie schon weiter oben gesagt wurde. Dehnt man das Ergebnis nämlich aus auf die wissenschaftliche Beschäftigung mit Bernhards Werk, erkennt man, dass der Autor „die Kategorien, unter denen sein Werk betrachtet wird"[467], tatsächlich unerbittlich vorgibt, und das nicht nur durch diesen Hinweis, der sich gegen eine literaturwissenschaftlich-biographische Herangehensweise auszusprechen scheint:

> Die Schriftsteller [...] habe ich zeitlebens gemieden [...]. Das Werk ja, [...] aber seinen Erzeuger nein [...]. Die meisten haben einen schlechten, wenn nicht geradezu abenteuerlich widerwärtigen Charakter und machen, gleich wer sie sind, in jedem Fall bei der persönlichen Begegnung, ihr Erzeugnis zunichte, löschen es aus [...]. Die Leute drängen sich darum, den von ihnen geliebten [...] oder auch gehaßten Schriftsteller kennenzulernen und vernichten sein Werk dadurch vollständig[468].

---

[465] Zitiert nach: Peter V. Zima: Moderne / Postmoderne, a.a.O., S. 346.
[466] Diese Position nimmt auch Silke Schlichtmann ein, wenn sie schreibt: „[E]s bleibt dem Leser überlassen, sich in diesen Widersprüchen [des Textes *Auslöschung*] zurechtzufinden, daraus eine literarische Wirklichkeit zu konstruieren, die somit auf einer Ebene über der des Erzählers läge" (Silke Schlichtmann: Das Erzählprinzip ‚Auslöschung', a.a.O., S. 131). Und etwas weiter: „Das semantische Zerfallsprodukt Text stellt dann den Ausgangsstoff für die im Leseakt zu leistende Sinnkonstruktion dar" (Ebd., S. 133).
[467] Wendelin Schmidt-Dengler: Absolute Hilflosigkeit (des Denkens), a.a.O., S. 11.
[468] Thomas Bernhard: Auslöschung, a.a.O., S. 615f. Ähnliches findet sich auch im *Kalkwerk*: „[D]ie Person des Schriftstellers bedeute nichts [...], nur glaubten die Leute in ihrer Geistesniedertracht immer, Person und Arbeit eines Schriftstellers vermischen zu können" (Thomas Bernhard: Das Kalkwerk. Roman. Frankfurt a. M. 1973. S. 175). Doch diese Äußerungen sind

Vielmehr führt ein Sprechen über Bernhard (die Einrichtung einer Meta-Ebene also) in erster Linie zu formalen Ergebnissen, wie diese Untersuchung bewies. Das Sprechen über ihn führt darüber hinaus aber auch zu Erkenntnissen, die die Wissenschaft selbst betreffen; sie stößt an eine Grenze, über die das Ästhetische hinausgeht. So führt Kunst „heraus und doch nicht heraus"[469], und so wird Eindeutigkeit nie zu erlangen sein.

Es bleibt ganz im Sinne des jungen Mannes nur, den endlosen, rekursiven Weg der Formalisierung und Erkenntnis nachzuvollziehen als „die Annäherung an den Gegenstand"[470], das schlichtweg (lustvolle) Ästhetische. Denn

> [w]ährend die Wissenschaft dem rast- und bestandlosen Strohm vierfach gestalter Gründe und Folgen nachgehend, bei jedem Ziel immer wieder weiter gewiesen wird und nie ein letztes Ziel, noch völlige Befriedigung finden kann [...]; so ist dagegen die Kunst überall am Ziel[471].

Doch mag dem jungen Mann dabei mahnende Funktion zukommen, scheitert er am Ende doch – neben seiner unästhetisch-heftigen Herangehensweise – vor allem auch, weil er sich resigniert zu Bett begibt. Dem ist die Einsicht einer anderen Figur Bernhards entgegengesetzt: „Die Erschöpfung / nicht aufkommen lassen / unterdrücken / mit dem Verstand"[472]. Und das beträfe Bernhards Figuren gerade ebenso wie Bernhards Leser und Interpreten.

Teil des auf Widersprüchen basierenden Verwirrspiels, das Bernhard mit Lesern wie Interpreten betreibt, denn sein Spätwerk – etwa *Beton*, *Ja*, *Midland in Stilfs* und *Wittgensteins Neffe* – zeichnet sich gerade aus durch die „Tendenz zur spielerischen Vermischung der Grenzen zwischen fiktiver und realer Welt" und die „gegenseitige Durchdringung von Autobiographie und Roman" (Eva Marquardt: Gegenrichtung, a.a.O., S. 65). Das gilt umgekehrt auch für die Autobiographien, die sich durch Vermischung von Biographischem und Fiktivem auszeichnen, doch „[w]eiten Teilen der Kritik blieb die Fiktionalität dieses autobiographischen Erzählens verschlossen" (Andreas Herzog: Vom Studenten der Beobachtung zum Meister der Theatralisierung, a.a.O., S. 113).

[469] Theodor W. Adorno: Ästhetische Theorie, a.a.O., S. 521.

[470] Thomas Berhard: Die Kälte, a.a.O., S. 89.

[471] Arthur Schopenhauer: Die Welt als Wille und Vorstellung, a.a.O., S. 252.

[472] Thomas Bernhard: Minetti. In: Ders.: Stücke 2. Frankfurt a. M. 1988, S. 225.

Literatur von Thomas Bernhard

Bernhard, Thomas: Als Verwalter im Asyl. Fragment. In: Ders.: Werke, Bd. 14: Erzählungen. Kurzprosa. Hrsg. v. Hans Höller, Martin Huber und Manfred Mittermayer. Frankfurt a. M. 2003, S. 390-392.

Ders.: Alte Meister. Komödie. Frankfurt a. M. 1988.

Ders.: Am Ortler. Nachricht aus Gomagoi. In: Ders.: Werke, Bd. 14, a.a.O., S. 166-189.

Ders.: Amras. In: Ders.: Werke, Bd. 11: Erzählungen I. Hrsg. v. Martin Huber und Wendelin Schmidt-Dengler. Frankfurt a. M. 2004, S. 109-179.

Ders.: An der Baumgrenze. In: Ders.: Werke, Bd. 14, a.a.O., S. 99-107.

Ders: Attaché an der französischen Botschaft. In: Ders.: Werke, Bd. 14, a.a.O., S. 56-61.

Ders.: Auslöschung. Ein Zerfall. Frankfurt a. M. 1988.

Ders.: Beruhigung. In: Ders.: Werke, Bd. 14, a.a.O., S. 375-383.

Ders.: Das Armenhaus von St. Laurin. In: Ders.: Werke, Bd. 14, a.a.O., S. 479-482.

Ders.: Das Kalkwerk. Roman. Frankfurt a. M. 1973.

Ders.: Das rote Licht. In: Ders.: Werke, Bd. 14, a.a.O., S. 457-460.

Ders.: Das Verbrechen eines Innsbrucker Kaufmannssohns. In: Ders.: Werke, Bd. 14, a.a.O., S. 62-75.

Ders.: Das Vermächtnis. In: Ders.: Werke, Bd. 14, a.a.O., S. 475-478.

Ders.: Der Italiener. Fragment. In: Ders.: Werke, Bd. 11, a.a.O., S. 249-258.

Ders.: Der Keller. Eine Entziehung. München 2002.

Ders.: Der Kulterer. Erzählung. In: Ders.: Werke, Bd. 11, a.a.O., S. 310-332.

Ders.: Der Schweinehüter. In: Ders.: Werke, Bd. 14, a.a.O., S. 516-539.

Ders.: Der Stimmenimitator. Frankfurt a.M. 1978. [Erstausgabe]

Ders.: Der Stimmenimitator. In: Ders.: Werke, Bd. 14, a.a.O., S. 235-349.

Ders.: Der Untergang des Abendlandes. In: Ders.: Werke, Bd. 14, a.a.O., S. 493-499.

Ders.: Der Wahrheit und dem Tod auf der Spur. Zwei Reden. In: Neues Forum 173 (1968), S. 347-349.

Ders.: Der Wetterfleck. In: Ders.: Werke, Bd. 14, a.a.O., S. 133-165.

Ders.: Der Zimmerer. In: Ders.: Werke, Bd. 14, a.a.O., S. 76-95.

Ders.: Die Berühmten. In: Ders.: Stücke 2. Frankfurt a. M. 1988, S. 117-202.

Ders.: Die Billigesser. Frankfurt a. M. 1988.

Ders.: Die Frau aus dem Gußwerk und der Mann mit dem Rucksack. In: Ders.: Werke, Bd. 14, a.a.O., S. 393f.

Ders.: Die Kälte. Eine Isolation. München 2001.

Ders.: Die Landschaft der Mutter. In: Ders.: Werke, Bd. 14, a.a.O., S. 500-502.

Ders.: Die Mütze. In: Ders.: Werke, Bd. 14, a.a.O., S. 18-34.

Ders.: Die Siedler. In: Ders.: Werke, Bd. 14, a.a.O., S. 461f.

Ders.: Die verrückte Magdalena. In: Ders.: Werke, Bd. 14, a.a.O., S. 470-474.

Ders.: Drei Tage. In: Ders.: Der Italiener. Frankfurt a. M. 1989, S. 78-90.

Ders.: Ebene. In: Ders.: Werke, Bd. 14, a.a.O., S. 395-397.

Ders.: Ein älterer Mann namens August. In: Ders.: Werke, Bd. 14, a.a.O., S. 503-510.

Ders.: Ein Frühling. In: Ders.: Werke, Bd. 14, a.a.O., S. 353f.

Ders.: Ein junger Schriftsteller. In: Ders.: Werke, Bd. 14, a.a.O., S. 364-369.

Ders.: Ein ländlicher Betrüger. In: Ders.: Werke, Bd. 14, a.a.O., S. 384-389.

Ders.: Eine Zeugenaussage. In: Ders.: Werke, Bd. 14, a.a.O., S. 355-363.

Ders.: Ereignisse. In: Ders.: Werke, Bd. 14, a.a.O., S. 195-232.

Ders.: Frost. Frankfurt a. M. 1972.

Ders.: Goethe schtirbt. In: Ders.: Werke, Bd. 14, a.a.O., S. 398-413.

Ders.: Großer, unbegreiflicher Hunger. In: Ders.: Werke, Bd. 14, a.a.O., S. 483-488.

Ders.: „Holzfällen" (Wien 1984). In: Krista Fleischmann (Hg.): Thomas Bernhard – Eine Begegnung. Gespräche mit Krista Fleischmann. Wien 1991.

Ders.: Immanuel Kant. In: Ders.: Stücke 2. Frankfurt a. M. 1988, S. 251-340.

Ders.: In Flammen aufgegangen. In: Ders.: Werke, Bd. 14, a.a.O., S. 448-454.

Ders.: Ist es eine Komödie? Ist es eine Tragödie? In: Ders.: Werke, Bd. 14, a.a.O., S. 35-42.

Ders.: Ja. Frankfurt a. M. 1978.

Ders.: Jauregg. In: Ders.: Werke, Bd. 14, a.a.O., S. 43-55.

Ders.: Midland in Stilfs. In: Ders.: Werke, Bd. 14, a.a.O., S. 111-132.

Ders.: Minetti. In: Ders.: Stücke 2. Frankfurt a. M. 1988, S. 203-250.

Ders.: Mit der Klarheit nimmt die Kälte zu. In: Jahresring 65/66 (1965), S. 243-245.

Ders.: Monologe auf Mallorca. (1981). In: Fleischmann, Krista (Hg.): Thomas Bernhard – Eine Begegnung. Gespräche mit Krista Fleischmann. Wien 1991, S. 7-158.

Ders.: Montaigne. Eine Erzählung. In: Ders.: Werke, Bd. 14, a.a.O., S. 414-423.

Ders.: Nie und mit nichts fertig werden. In: Deutsche Akademie für Sprache und Dichtung. Jahrbuch 1970, S. 83f.

Ders.: Notiz. In: Ders.: Werke, Bd. 11, a.a.O., S. 259f.

Ders.: Ungenach. Erzählung. Frankfurt a. M. 1968.

Ders.: Unsterblichkeit ist unmöglich. Landschaft der Kindheit. In: Neues Forum 169-170 (1968), S. 95-97.

Ders.: Verstörung. Frankfurt a. M. 1988.

Ders.: Viktor Halbnarr. Ein Wintermärchen. In: Ders.: Werke, Bd. 14, a.a.O., S. 370-374.

Ders.: Von einem Nachmittag in einer großen Stadt. In: Ders.: Werke, Bd. 14, a.a.O., S. 463-465.

Ders.: Von einem, der auszog die Welt zu sehen. In: Ders.: Werke, Bd. 14, a.a.O., S. 511-515.

Ders.: Von sieben Tannen und vom Schnee. In: Ders.: Werke, Bd. 14, a.a.O., S. 466-469.
Ders.: Wiedersehen. In: Ders.: Werke, Bd. 14, a.a.O., S. 424-447.
Ders.: Wintertag im Hochgebirge. In: Ders.: Werke, Bd. 14, a.a.O., S. 489-492.
Ders.: Zwei Erzieher. In: Ders.: Werke, Bd. 14, a.a.O., S. 11-17.

Literatur zu Thomas Bernhard

Bernardi, Eugenio: Bernhards Stimme. In: Bernhard-Tage. Ohlsdorf. 1994. Materialien. Hrsg. v. Franz Gebesmair und Alfred Pittertschatscher. Weitra 1994, S. 34-46.
Best, Otto F.: Nachwort. In: Thomas Bernhard: Der Wetterfleck. Erzählungen. Stuttgart 1981, S. 63-76.
Betten, Anne: Die Bedeutung der Ad-hoc-Komposita im Werk von Thomas Bernhard, anhand ausgewählter Beispiele aus „Holzfällen. Eine Erregung" und „Der Untergeher". In: Asbach-Schnitker, Brigitte; Roggenhofer, Johannes (Hgg.): Neuere Forschungen zur Wortbildung und Historiographie der Linguistik. Festgabe für Herbert E. Brekle zum 50. Geburtstag. Tübingen 1987, S. 69-90.
Cirio, Rita: Austriacus infelix. 1982. In: Dreissinger, Sepp (Hg.): Von einer Katastrophe in die andere. 13 Gespräche mit Thomas Bernhard. Weitra 1992, S. 95-103.
Dittmar, Jens (Hg.): Sehr geschätzte Redaktion. Leserbriefe von und über Thomas Bernhard. Wien 1991.
Ders. (Hg.): Thomas Bernhard Werkgeschichte. Aktualisierte Neuausgabe 1990. Frankfurt a. M. 1990.
Eder, Alois: Perseveration als Stilmittel moderner Prosa. Thomas Bernhard und seine Nachfolge in der österreichischen Literatur. In: Studi tedeschi 22 (1979), S. 65-100.
Eybl, Franz M.: Thomas Bernhards „Stimmenimitator" als Resonanz eigener und fremder Rede. In: Kontinent Bernhard. Zur Thomas-Bernhard-Rezeption in Europa. Hrsg. v. Wolfram Bayer unter Mitarbeit von Claude Porcell. Wien, Köln und Weimar 1995, S. 31-43.
Eyckeler, Franz: Reflexionspoesie. Sprachskepsis, Rhetorik und Poetik in der Prosa Thomas Bernhards. Berlin 1995.
Feng, Guoqing: Kreisel für Erwachsene. Zur Kürzestprosa in der Gegenwartsliteratur in Österreich: Thomas Bernhard, Elias Canetti und Erich Fried. Frankfurt a. M., Berlin, Bern, New York, Paris und Wien 1993.
Finnern, Volker: Der Mythos des Alleinseins. Die Texte Thomas Bernhards. Frankfurt a. M., Bern, New York und Paris 1987.
Gleber, Anke: *Auslöschung, Gehen*. Thomas Bernhards Poetik der Destruktion und Reiteration. In: Modern Austrian Literature 24.3/4 (1991), S. 85-97.

Gößling, Andreas: Die „Eisenbergrichtung": Versuch über Thomas Bernhards AUSLÖSCHUNG. Münster 1988.

Ders.: Thomas Bernhards frühe Prosakunst. Entfaltung und Zerfall seines ästhetischen Verfahrens in den Romanen Frost – Verstörung – Korrektur. Berlin und New York 1987.

Greiner, Ulrich: Der gewöhnliche Schrecken: „Der Stimmenimitator" und „Ja". In: Ders.: Der Tod des Nachsommers. Aufsätze, Porträts, Kritiken zur österreichischen Gegenwartsliteratur. München und Wien 1979, S. 72-81.

Ders.: Die Tortur, die Thomas Bernhard heißt: „Korrektur" und „Die Ursache". In: Ders.: Der Tod des Nachsommers, a.a.O., S. 65-72.

Habringer, Rudolf: Der Auswegsucher. Über Thomas Bernhards Anfänge als Journalist. In: Thomas Bernhard und Salzburg. 22 Annäherungen. Hrsg. v. Manfred Mittermayer und Sabine Veits-Falk. Salzburg 2001, S. 31-40.

Haslinger, Adolf: Mütze, Mantel, Wetterfleck. Kleiderthematik und poetisches Verfahren bei Thomas Bernhard. In: Bernhard-Tage, a.a.O., S. 17-33.

Helms-Derfert, Hermann: Die Last der Geschichte. Interpretationen zur Prosa von Thomas Bernhard. Köln, Weimar und Wien 1997.

Henniger-Weidmann, Brigitte: Worttransfusionen. Bedeutungsverschiebungen und Neologismen bei Thomas Bernhard. In: Fruchtblätter. Freundesgabe für Alfred Kelletat. Hrsg. v. Harald Hartung, Walter Heistermann und Peter M. Stephan. Berlin 1977, S. 217-224.

Herzog, Andreas: Auslöschung als Selbstauslöschung oder Der Erzähler als theatralische Figur. In: Honold, Alexander; Joch, Markus (Hgg.): Thomas Bernhard – Die Zurichtung des Menschen. Würzburg 1999, S. 123-131.

Ders.: Vom Studenten der Beobachtung zum Meister der Theatralisierung. Bernhard I bis III. In: Bernhard-Tage, a.a.O., S. 99-124.

Hofe, Gerhard vom; Pfaff, Peter: Die ästhetische Provokation des ‚Eschaton' in der Prosa Thomas Bernhards. In: Dies.: Das Elend des Polyphem. Zum Thema der Subjektivität bei Thomas Bernhard, Peter Handke, Wolfgang Koeppen und Botho Strauß. Königstein i.T. 1980, S. 28-57.

[Höller, Hans; Huber, Martin; Mittermayer, Manfred:] Anhang. In: Bernhard, Thomas: Werke, Bd. 14, a.a.O., S. 543-592.

Höller, Hans: Kritik einer literarischen Form. Versuch über Thomas Bernhard. Stuttgart 1979.

Huntemann, Willi: Artistik und Rollenspiel. Das System Thomas Bernhard. Würzburg 1990.

Ders.: „Treue zum Scheitern". Bernhard, Beckett und die Postmoderne. In: Text + Kritik 43 (1991), S. 42-74.

Jahraus, Oliver: Das ‚monomanische' Werk. Eine strukturale Analyse des Œuvres von Thomas Bernhard. Frankfurt a. M., Berlin, Bern, New York, Paris und Wien 1992.

Ders.: Die Wiederholung als werkonstitutives Prinzip im Œuvre Thomas Bernhards. Frankfurt a. M., Bern, New York, Paris 1991.

Jauß, Hans Robert: Literaturgeschichte als Provokation. Frankurt a. M. 1970.
Jelinek, Elfriede: Der Einzige. Und wir, sein Eigentum. 1989. In: Dreissinger, Sepp (Hg.): Von einer Katastrophe in die andere, a.a.O., S.159-165.
Jooß, Erich: Aspekte der Beziehungslosigkeit. Zum Werk von Thomas Bernhard. Selb 1976.
Katzschmann, Christian: Selbstzerstörer. Suizidale Prozesse im Werk Thomas Bernhards. Köln, Weimar und Wien 2003.
Kaufmann, Sylvia: The importance of Romantic Aesthetics for the Interpretation of Thomas Bernhard's „Auslöschung. Ein Zerfall" and „Alte Meister. Komödie". Stuttgart 1998.
Klug, Christian: Thomas Bernhards Arbeiten für das Salzburger *Demokratische Volksblatt* 1952 bis 1954. In: Modern Austrian Literature 21.3/4 (1988), S. 135-172.
Ders.: Thomas Bernhards Theaterstücke. Stuttgart 1991.
Kwon, Se-Hoon: Die moderne Schreibweise in den Werken von Franz Kafka und Günter Kunert oder der Übergang von der Moderne zur Postmoderne. Frankfurt a.m., Berlin, Bern, New York, Paris und Wien 1996.
Langer, Renate: „Erbe, Erde, was war das immer?" Thomas Bernhards Heimatkomplex. In: Thomas Bernhard und Salzburg. 22 Annäherungen. Hrsg. v. Manfred Mittermayer und Sabine Veits-Falk. Salzburg 2001, S. 41-47.
Mariacher, Barbara: „Umspringbilder". Erzählen – Beobachten – Erinnern. Frankfurt a.M. 1999.
Marquardt, Eva: Gegenrichtung. Entwicklungstendenzen in der Erzählprosa Thomas Bernhards. Tübingen 1990.
Meier, Wolfgang: Die Abstraktion vor ihrem Hintergrund gesehen. In: Botond, Anneliese (Hg.): Über Thomas Bernhard. Frankfurt a. M. 1970, S. 11-23.
Mittermayer, Manfred: Thomas Bernhard. Stuttgart und Weimar 1995.
[N. N.:] Bernhard und das *Demokratische Volksblatt.* In: Thomas Bernhard und Salzburg, a.a.O., S. 125-138.
Petrasch, Ingrid: Die Konstitution von Wirklichkeit in der Prosa Thomas Bernhards. Sinnbildlichkeit und groteske Überzeichnung. Frankfurt a. M., Bern und New York 1987.
Rambures, Jean-Louis de: Alle Menschen sind Monster, sobald sie ihren Panzer lüften. 1983. In: Dreissinger, Sepp (Hg.): Von einer Katastrophe in die andere, a.a.O., S. 104-113.
Reich-Ranicki, Marcel: Leichen im Ausverkauf. Thomas Bernhard: „An der Baumgrenze", „Ereignisse" und „Watten". In: Ders.: Lauter Verrisse. Mit einem einleitenden Essay. Erweiterte Neuausgabe. Stuttgart 1990, S. 138-142.
Rossbacher, Karlheinz: Thomas Bernhard: *Das Kalkwerk* (1970). In: Paul Michael Lützeler (Hg.): Deutsche Romane des 20. Jahrhunderts. Neue Interpretationen. Königstein i. T.1983, S. 372-387.

Ryu, Eun-Hee: Auflösung und Auslöschung. Genese von Thomas Bernhards Prosa im Hinblick auf die ‚Studie'. Frankfurt a. M. 1998.

Schallmayer, Peter: „Ich habe nichts zu verlieren!" Thomas Bernhards ‚pathologische Groteske' *Ist es eine Komödie? Ist es eine Tragödie?* In: Thomas Bernhard Jahrbuch 3 (2004), S. 15-29.

Ders.: Schizosemie. Paradoxes in Thomas Bernhards Kurztext *Ernst*. [Typoskript]

Scheib, Asta: Von einer Katastrophe in die andere. 1986. In: Dreissinger, Sepp (Hg.): Von einer Katastrophe in die andere, a.a.O., S. 136-153.

Schlichtmann, Silke: Das Erzählprinzip ‚Auslöschung'. *Zum Umgang mit Geschichte in Thomas Bernhards Roman* Auslöschung. Ein Zerfall. Frankfurt a. M., Berlin, Bern, New York, Paris und Wien 1996.

Schmidt-Dengler, Wendelin: Absolute Hilflosigkeit (des Denkens). Zur Typologie der wissenschaftlichen Auseinandersetzung mit Thomas Bernhard. In: Thomas Bernhard Jahrbuch 1 (2002), S. 9-18.

Ders.: Die Tragödien sind Komödien oder Die Unbelangbarkeit Thomas Bernhards durch die Literaturwissenschaft. In: Kontinent Bernhard, a.a.O., S. 15-30.

Ders.: Elf Thesen zum Werk Thomas Bernhards. In: Studien zur Literatur des 19. und 20. Jahrhunderts. Festschrift für Alfred Doppler zum 60. Geburtstag. Hrsg. v. Johann Holzner, Michael Klein und Wolfgang Wiesmüller. Innsbruck 1981, S. 231-234.

Ders: Vorwort. 1992. In: Sepp Dreissinger (Hg.): Von einer Katastrophe in die andere, a.a.O., S. 13-18.

Suchy, Victor: Die Vergangenheit ist unerforscht. 1967. In: Dreissinger, Sepp (Hg.): Von einer Katastrophe in die andere, a.a.O., S. 19-34.

Tabah, Mireille: Geschlechterdifferenz im Werke Thomas Bernhards. Ansätze zu einer feministischen Interpretation. In: Thomas Bernhard Jahrbuch 1 (2002), S. 133-144.

Thabti, Sahbi: Die Paraphrase der Totalität. Zum Verhältnis von Denken und Sprechen in Thomas Bernhards *In der Höhe*. In: Wirkendes Wort 2 (1994), S. 296-315.

Wiese, Benno von: Thomas Bernhard. In: Deutsche Dichter der Gegenwart. Ihr Leben und Werk. Unter Mitarbeit zahlreicher Fachgelehrter hrsg. v. Benno von Wiese. Berlin 1973, S. 632-645.

Sonstige Literatur

Adorno, Theodor W.: Ästhetische Theorie. In: Ders.: Gesammelte Schriften, Bd. 7. Hrsg. v. Gretel Adorno und Rolf Tiedemann. Frankfurt a. M. 1984.

Baudrillard, Jean: Simulacres et simulation. Paris 1981.

Benjamin, Walter: Gesammelte Schriften. VI. Hrsg. v. Rolf Tiedemann und Hermann Schweppenhäuser. Frankfurt a. M. 1985.

Brosch, Renate: Krisen des Sehens. Henry James und die Veränderung der Wahrnehmung im 19. Jahrhundert. Tübingen 2000.

Eschenbacher, Walter: Fritz Mauthner und die deutsche Literatur um 1900. Eine Untersuchung der Sprachkrise der Jahrhundertwende. Frankfurt a. M. 1977.

Foerster, Heinz von: Understanding understanding. Essays on Cybernetics and Cognition. With 122 Illustrations. New York, Berlin, Heidelberg, Hong Kong, London, Milan, Paris und Tokyo 2003.

Foucault, Michel: La Pensée du dehors. Paris 1986.

Genette, Gérard: Die Erzählung. München 1998.

Greimas, Algirdas Julien: Narrative grammar: units and levels. In: Modern Language Notes 86 (1971), S. 793-806.

Hassan, Ihab: Postmoderne heute. In: Wolfgang Welsch (Hg.): Schlüsseltexte der Postmoderne-Diskussion. Mit Beiträgen von J. Baudrillard, A. Bell, J. Derrida, U. Eco, L.A. Fiedler, A. Gehlen, J. Habermas, I. Hassan, Ch. Jencks, D. Kamper, H. Klotz, J.-F. Lyotard, A. Bonito Oliva, P. Sloterdijk, G. Vattimo, R. Venturi, A. Wellmer. Weinheim 1988, S. 47-56.

Herrnstein Smith, Barbara: "Narrative Versions, Narrative Theories". In: Mitchell, W.J. Thomas (Hg.): On Narrative. Chicago 1981, S. 209-232.

Hofmannsthal, Hugo von: Der Tor und der Tod. In: Ders.: Gesammelte Werke in Einzelausgaben, Bd. 1: Gedichte und lyrische Dramen. Hrsg. v. Herbert Steiner. Frankfurt a. M. 1970, S. 199-220.

Ders.: Ein Brief. In: Ders.: Gesammelte Werke in Einzelausgaben, Bd. 4: Prosa II. Hrsg. v. Herbert Steiner. Frankfurt a. M. 1976, S. 7-20.

Kacianka, Reinhard; Zima, Peter V.: Vorwort. In: Diess. (Hgg.): Krise und Kritik der Sprache. Literatur zwischen Spätmoderne und Postmoderne. Tübingen und Basel 2004, S. 7-17.

Luhmann, Niklas: Soziale Systeme. Grundriß einer allgemeinen Theorie. Frankfurt a. M. 1987.

Mach, Ernst: Beiträge zur Analyse der Empfindungen. Jena 1886.

Martinez, Matias; Scheffel, Michael: Einführung in die Erzähltheorie. 2. Auflage. München 2000.

Mauthner, Fritz: Das philosophische Werk. Band II,1. Beiträge zu einer Kritik der Sprache, Bd. 1: Zur Sprache und zur Psychologie. Nach den Ausgaben letzter Hand hrsg. v. Ludger Lütkehaus. Wien, Köln und Weimar 1999.

Ders.: Das philosophische Werk. Band II,2. Beiträge zu einer Kritik der Sprache, Bd. 2: Zur Grammatik und Logik. Nach den Ausgaben letzter Hand hrsg. v. Ludger Lütkehaus. Wien, Köln und Weimar 1999.

Ders.: Das philosophische Werk. Band II,3. Beiträge zu einer Kritik der Sprache, Bd. 3: Zur Sprachwissenschaft. Nach den Ausgaben letzter Hand hrsg. v. Ludger Lütkehaus. Wien, Köln und Weimar 1999.

Ders.: Selbstdarstellung. In: Schmidt, Raymond: Die Deutsche Philosophie der Gegenwart in Selbstdarstellungen. Leipzig 1922, S. 121-144.

Nietzsche, Friedrich: Jenseits von Gut und Böse. In: Ders.: Sämtliche Werke. Kritische Studienausgabe in 15 Bänden, Bd. 5: Jenseits von Gut und Böse. Zur Genealogie der Moral. Hrsg. v. Giorgio Colli und Mazzino Montinari. Berlin und New York 1988, S. 9-243.

Rimmon-Kenan, Shlomith: Narrative Fiction. Contemporary Poetics. 2nd edition. London und New York 2002.

Sartre, Jean-Paul: Das Sein und das Nichts. Versuch einer phänomenologischen Ontologie. Hrsg. v. Traugott König. Deutsch von Hans Schöneberg und Traugott König. Reinbek b. H. 2001.

Ders.: Der Mensch und die Dinge. Aufsätze zur Literatur 1938-1946. Reinbek b. H. 1978.

Schopenhauer, Arthur: Die Welt als Wille und Vorstellung. Erster Band. Vier Bücher nebst einem Anhang, der die Kritik der Kantischen Philosophie enthält. In: Ders.: Werke in fünf Bänden, Bd. 1. Nach den Ausgaben letzter Hand hrsg. v. Ludger Lütkehaus. Zürich 1991.

Schweikle, Irmgard: Heimatliteratur. In: Dies.; Schweikle, Günther (Hgg.): Metzler Literatur Lexikon. Begriffe und Definitionen. Zweite, überarbeitete Auflage. Stuttgart 1990, S. 191f.

Sloterdijk, Peter: Nach der Geschichte. In: Wolfgang Welsch (Hg.): Wege aus der Moderne, a.a.O., S. 262-273.

Weinsheimer, Joel: Theory of character: Emma. In: Poetics Today 1.1-2 (1979), S. 185-211.

[Weizsäcker, Carl Friedrich von:] Die Einheit der Natur. Studien von Carl Friedrich von Weizsäcker. München 1972.

Welsch, Wolfgang: Unsere postmoderne Moderne. Weinheim 1991.

Wittgenstein, Ludwig: Tractatus logico-philosophicus. Logisch-philosophische Abhandlung. In: Ders.: Werkausgabe, Bd. 1: Tractatus logico-philosophicus. Tagebücher 1914-1916. Philosophische Untersuchungen. Durchgesehen v. Joachim Schulte. Frankfurt a. M. 1984, S. 7-86.

Wunberg, Gotthart: Der frühe Hofmannsthal. Stuttgart 1965.

Zima, Peter V.: Moderne / Postmoderne. Gesellschaft, Philosophie, Literatur. 2. Auflage. Tübingen und Basel 2001.

Zimmermann, Peter: Die Skandal des Skandals. In: Ders.; Schaschl, Sabine: Skandal: Kunst. Wien 2000, S. 3-14.

Bildnachweis

[N. N.:] Musæum Hermeticum reformatum et amplificatum, omnes sopho-
spagyricæ artis discipulos fidelissime erudiens, quo pacto summa illa ve-
raque lapidis philosophici medicina, qua res omnes qualemcunque defec-
tum patientes, instaurantur, inventiri et haberi queat. Continens tractatus
chimicos XXI. Præstantissimos, quorum Nomina & Seriem versa pagella
indicabit. In gratiam filiorum doctrinæ, quibus Germanicum idioma
ignotum est, Latina lingua ornatum. Apud Hermannum à Sande. Frankfurt
a. M. 1678, S. 353.